中
CH

五音六律十三徽，
龙吟鹤响思庖羲。
一弹流水一弹月，
水月风生松树枝。

唐 · 卢仝《风中琴》

2025
方寸天地

邮票上的中国非物质文化遗产

中国集邮有限公司 编

人民邮电出版社
北 京

图书在版编目（CIP）数据

方寸天地 ： 邮票上的中国非物质文化遗产 / 中国集邮有限公司编． -- 北京 ： 人民邮电出版社， 2024.

ISBN 978-7-115-65050-4

Ⅰ． G262.2

中国国家版本馆 CIP 数据核字第 2024AK0857 号

◆ 编　　中国集邮有限公司

责任编辑　赵　娟　苏　萌

责任印制　马振武

◆ 人民邮电出版社出版发行　　北京市丰台区成寿寺路 11 号

邮编　100164　　电子邮件　315@ptpress.com.cn

网址　http://www.ptpress.com.cn

北京兆兴纸制品有限责任公司印刷

◆ 开本：889×1194　1/32

印张：24.5　　2024 年 8 月第 1 版

字数：240 千字　　2024 年 8 月北京第 1 次印刷

定价：93.00 元

读者服务热线：(010) 53913866　印装质量热线：(010) 81055316

反盗版热线：(010) 81055315

跨越时间长河的非遗

（序言）

邮票是一个国家历史的缩影，也是民族印记的特殊载体，方寸之间，见证时代风貌，弘扬传统文化，讲好中国故事。非物质文化遗产，则似跨越漫漫时间长河的一座桥梁，透过无数鲜活个体的传承流转，连接着历史与现代，承载厚重文化内涵的同时，又不断适应和融入当下生活。

中华人民共和国成立以来，中国邮政致力于通过一张张微缩的国家名片，呈现我国丰富多彩的非物质文化遗产，所发行的一系列非物质文化遗产主题邮票，犹如打开了一扇窗，让世界看见中华优秀传统文化深厚的历史底蕴和独特的艺术价值。基于此，2025 集邮日历《方寸天地——邮票上的中国非物质文化遗产》的出炉，便属顺时应势之举。日历遴选 43 项世界级中国非物质文化遗产项目相关的邮票图稿 108 套 350 枚，虽说相对 10 万余项中国各级代表性非物质文化遗产项目可谓片鳞半爪，然借此亦足以窥见中华文明的浩瀚星河。

从 2008 年的古琴艺术、昆曲、新疆维吾尔木卡姆艺术、蒙古族长调民歌，到 2022 年的中国传统制茶技艺及其相关习俗，十五年间相继入选联合国教科文组织《非物质文化遗产名录（名册）》的中国非物质文化遗产数量已然高居世界第一，2025 集邮日历以其申报通过的时间为序，并以二十四节气为支点，展现中国人均衡的时间美学和为世界文化多样性贡献的中国色彩。

作为我国古人对气候变化规律的高度总结，二十四节气早在 2006 年即被列入第一批国家级非物质文化遗产代表性项目名录，2016 年又被列入《人类非物质文化遗产代表作名录》，既体现了联合国教科文组织对中华传统农耕文化的认可，又丰富了人类农耕文明的宝库。而遵循二十四节气规律的农耕生产、生活所衍生的各类非物质文化遗产项目，不仅表现在思想观念、生产实践上，也渗透到宗教礼仪、民俗节事、民间文艺及饮食文化等方方面面。纵观2025集邮日历所列的非遗项目，它们与二十四节气之间的关联，用息息相通来形容恰如其分。

先说生产实践，以小满节气为例。农谚“小满动三车”中的一车即为缫丝车，临近小满蚕虫结茧，小满过后收茧缫丝，蚕户家家过“祈蚕节”，“中国蚕桑丝织技艺”“南京云锦织造技艺”皆由此诞生；而“宣纸传统制作技艺”原料之一的沙田稻草的收割，也多在小满节气期间，并经历二十四节气洗礼，长达一年晾晒方可制作；同样是原料，“黎族传统纺染织绣技艺”必备的野麻，采集也始于小满，雨季时将野麻外皮扒下，经过浸泡、漂洗等工艺，最终渍为麻匹。

当然，与节气相关的生产实践不止于此。比如“龙泉青瓷传统烧制技艺”，中国古代陶工一直遵循着时间节律进行各工艺环节的创作，春夏时节制泥做坯，深秋时节过釉烧制。唐朝诗人陆龟蒙曾以“九秋风露越窑开，夺得千峰翠色来”形容与龙泉窑一脉相承的越窑青瓷，“九秋”指深秋，对应寒露节气，此时气候干燥，温度相宜，正适合用木柴还原焰烧出釉色翠绿的上等青瓷。再如“中国传统制茶技艺及其相关习俗”，从茶叶生长、采摘、加工到品饮，均受自然节气的影响。清明前后是春茶的主要采摘期，夏茶采摘多于小满至芒种期间，秋茶对应白露至寒露期间。饮茶习俗方面，在二十四节气之首立春这天，中国南方有“喝茶迎春”的习俗，走亲访友饮春茶扬春气，中国北方则保留着“茶祀祖祭”的习俗，茶农们以此祈求新的一年丰收。

与二十四节气相关的民俗节事同样形形色色。以“端午节”为例，其形成最早便与夏至节气有关，意在提醒人们为祛病防瘟做好准备，而端午节的庆祝活动则与芒种节气有关，此时作物已经成熟，需要收割和储存。另以“羌年”为例，羌语称“丰收节”，每年霜降前后，正值万粮归仓、圈满万畜的深秋时节，羌族人辞旧迎新，欢庆丰收，表达对天地万物的感恩。而捕鱼汛期赫哲族人祭祀江神、水神和火神的“赫哲族伊玛堪”，以及每年农历三月廿三诞辰日和九月初九升天日在妈祖庙举行妈祖祭典的“妈祖信俗”，均受二十四节气的影响。

此外，民间文艺与二十四节气之间，也有着千丝万缕的联系。以“侗族大歌”为例，四大类之一的嘎所（声音歌）标题通常以昆虫鸟兽或季节时令命名，而侗族传统的对歌、赛歌一般选择在小暑前后的“吃新节”和冬至前后的“侗年节”等传统节日期间举行。同样，春播秋收祭天仪式中表演的“中国朝鲜族农乐舞”，依附于民间庙会祈雨仪式和丰收庆典的“西安鼓乐”，维吾尔族先民在特定节令祭祀、祈福的活动“麦西热甫”，都呼应着二十四节气的自然气候规律。

其余，谷雨节气的名称与上古时期的汉字发明者仓颉有关，有些地方至今还把谷雨作为祭祀仓颉的节日，由此可引出“中国书法”；各地民间都有通过剪纸迎接立春节气的习俗，可纳入中国农耕文化中的岁时礼俗，是为“中国剪纸”；还有同频自然节律、顺应四时治疗的“中医针灸”“藏医药浴法”，追求身体与自然和谐统一、强调周期性与平衡性的“太极拳”，等等。日历中出现的非物质文化遗产，或直接关联，或间接内涵，均可溯至二十四节气。

始于立春，终于大寒，周而复始，斗转星移，二十四节气所延展的时间脉络，无疑是贯穿整本非物质文化遗产主题集邮日历的精神内核。小小邮票，在时间长河中，凝聚中华文化，感应中国古人的生活智慧与哲学思想。我相信，随着日历的发行，对非物质文化遗产魅力的诠释，必然激发全社会对非物质文化遗产的关注与热爱，推动我国非物质文化遗产的系统性保护和有效传承与发展，共同守护中华优秀传统文化的根脉。

中国非物质文化遗产保护协会会长 王晓峰

方寸天地

——邮票上的中国非物质文化遗产

（编者按）

方寸，既是国家名片，也是心绪心得。

天地，既是宇宙阴阳，也是时间宝典。

日历，感知日月、揭示规律、把握变化、指导生活。

2025 集邮日历《方寸天地——邮票上的中国非物质文化遗产》（下称“日历”），以邮票为媒，以非物质文化遗产获批准时间为线，系统梳理、全面呈现中国已发行的联合国教科文组织中国非物质文化遗产、节日、节气、生肖相关的邮票图稿共计 149 套 420 枚，感受中华民族创造的辉煌文明，致敬劳动人民在生产、生活中的无穷创造力，撷取吉光片羽，凝聚时间文化，纵览邮票上的中国智慧！

日历实现了四种“交融”，匠心独具。

一、时间文化与当下生活交融。封面采用八卦图与星宿图相结合的形式；收录二十四节气邮票图稿 4 套 24 枚；传统节日、行业节日和重要纪念日的邮票图稿 33 套 61 枚；农历月篇首点缀花神诗、月令诗；节气突出时令风物、花果时蔬，见人间烟火；节日缀有名言哲句，增智培德。

二、吉祥文化与当下生活交融。融汇吉祥色彩文化，顺应干支运行法则，契合生肖文化内涵。一方面，每日干支纪日对应五行色彩合序相生，展现扎根于中华文明沃土的色彩文化；另一方面，紧扣乙巳蛇年生肖主题，公历月以蛇主题邮票起首，收录相关图稿 8 套 12 枚。月月灵蛇献瑞，日日吉祥平安。

三、非遗文化与当下生活交融。非物质文化遗产是文化多样性中最富活力的重要组成部分，是人类文明的结晶和最宝贵的共同财富。非物质文化遗产深入人民生活，体现人民智慧，同时又以喜闻乐见的形式为群体提供认同感，体现着对文化多样性和人类创造力的尊重。日历收录联合国教科文组织中国非物质文化遗产相关的邮票图稿 108 套 350 枚，以《文化遗产日》纪念邮票“中国非物质文化遗产标志”为开端，点明主旨，邮票背景点缀非物质文化遗产项目：古琴艺术、昆曲、中国剪纸、端午节、中国珠算等，基本涵盖了联合国教科文组织对非物质文化遗产定义中的几大分类。

发行时间 2016 年 6 月 11 日

志号 2016–13

票名 文化遗产日

图名 （2–1）非物质文化遗产

设计者 于秋艳

日历的 12 个月，按照 43 项非物质文化遗产申报通过时间进行排序。浅春湿冷的气息中，昆曲一叠三叹倾诉柔肠，低眉间琴声悠扬，弦上流淌着伯牙子期的惺惺相惜；匠心独运成就宣城千年寿纸，奔腾草原马蹄留香的是蒙古汉子的酣畅淋漓；又一个转眼间，织布机轧轧穿梭织就天边初霁彩霞，鼻尖萦绕不散的是氤氲新茶……43 项非物质文化遗产，43 个惊喜，43 件来自人类智慧的隆重馈赠。

四、传统文化与数字技术交融。数字化的多样表达带来多元、立体、丰富的文化体验。扫描邮票画面，《中国篆刻》展现方寸之间的金石之美、《太极拳》招招式式的功夫尽是中华绝世神功……数字技术让邮票于方寸之间闪耀璀璨精华。

此外，本书的书法字体也集自书法大家之作。“方寸天地”书法、二十四节气书法为孟繁禧先生手书，“方寸映乾坤 集邮展文脉”书法为王鲁湘先生手书。

习近平总书记指出“中华优秀传统文化是中华文明的智慧结晶和精华所在，是中华民族的根和魂”。非物质文化遗产承载着人类的智慧和人类历史的文明与辉煌，如明珠熠熠闪光于人类亘古之长夜，方寸乾坤，文脉赓存，辉煌永存！

发行时间 1989 年 1 月 5 日

志号 T.133

票名 己巳年

图名 己巳年（蛇）

设计者 吕胜中

一月

发行时间	2015 年 1 月 10 日
志号	2015–2
票名	拜年
图名	拜年
设计者	吴冠英

元旦是新年的第一天。元，谓“始”，凡数之始称为“元”；旦，谓“日”；“元旦”即“初始之日”。“元旦”一词通常指历法中一年的首月首日，现在专指公历新年的第一天。

一月

一

庚午日

星期三

王羲之《集字圣教序》

元旦		
农历腊月 共二十九天	初二	今日元旦 丙子月
末候	水泉动	六十六候

古琴艺术

2003 年，古琴艺术入选联合国教科文组织第二批《人类口头和非物质遗产代表作名录》。2008 年，自动纳入《人类非物质文化遗产代表作名录》。

古琴又称琴、七弦琴。“琴棋书画”是自古以来中国文人整体素质的具体显现，古琴居“四艺”之首。古琴艺术是中国历史上古老、艺术水准高且具民族精神、审美情趣和传统艺术特征的器乐演奏形式之一。在相关文献、曲目积累、演奏技巧、乐学、律学、传承方式、斫琴工艺及社会生活、历史、哲学、文学等领域的影响方面，古琴都具有突出的人文性和不可比拟的丰富性。琴曲的标题性、音结构的带腔性、节奏上的非均分性、音质上清微淡远的倾向性，集中体现了中国音乐体系的基本特征。

发行时间 1983 年 1 月 20 日

志号 T.81

票名 民族乐器——拨弦乐器

图名 （5–3）琴

设计者 邓锡清

古琴是中国古老的弹拨乐器之一。古琴有七根弦，琴身是狭长的木质音箱，琴面上的 13 个圆点名为“琴徽”，用来标记音位。演奏者将琴平置，借助不同的拨弦方式和演奏技法，让琴音富于变化，曲调自然流畅。邮票根据黑漆琴的特征，采用横幅画面，突出了主体形象。

一月

辛未日

星期四

怀素《秋兴八首》

农历腊月 共二十九天	初三	丙子月 五日小寒
末候	水泉动	六十六候

发行时间	2006 年 9 月 26 日
志号	2006–22
票名	古琴与钢琴（中国—奥地利联合发行）
图名	（2–1）古琴
设计者	王虎鸣（中国）、阿道夫·托马（奥地利）
原作品作者	陈敬翔（背景图案）

古琴有“中国民族乐器之王”之称，具备极强的表现力和丰厚的文化内涵。邮票画面中的古琴为唐琴“大圣遗音”，现藏于故宫博物院，画面背景是湖北武汉的古琴台。相传，伯牙与钟子期在此相遇，结为知音，钟子期亡故后，伯牙恨知音难觅，摔琴绝弦，从此不再鼓琴，因此古琴台又被称为“天下知音第一台”。

一月

三

壬申日

星期五

王献之《淳化阁帖》

农历腊月 共二十九天	初四	丙子月 五日小寒
末候	水泉动	六十六候

发行时间	2013 年 7 月 13 日
志号	2013–15
票名	琴棋书画
图名	（4–1）高山流水
设计者	范曾

“琴棋书画”是中国古代文人必需的素质修养，琴位居其首，因此古琴弹奏不仅是一种高雅和身份的象征，还和自娱自赏、冥思、个人修养以及挚友间的情感交流密不可分，在一定意义上承载着中国文人的精神世界，并且留下了许多动人的传说。邮票画面描绘了春秋时期伯牙与钟子期因琴而遇、结为知音的故事。

一月

癸酉日

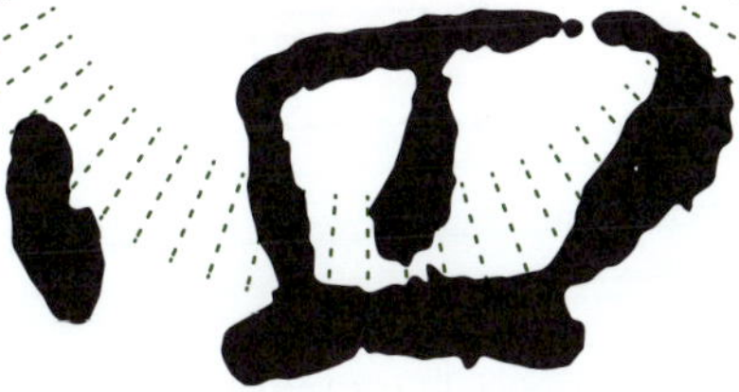

星期六

唐太宗《晋祠铭》

共二十九天 农历腊月	初五	丙子月 明日小寒
末候	水泉动	六十六候

小寒连大吕，欢鹊垒新巢。
拾食寻河曲，衔紫绕树梢。
霜鹰近北首，雊雉隐丛茅。
莫怪严凝切，春冬正月交。

——唐·元稹《咏廿四气诗·小寒十二月节》

发行时间	2019 年 11 月 8 日
志号	2019–31
票名	二十四节气（四）
图名	（6–5）小寒
设计者	刘金贵、王虎鸣

小寒一般在每年公历的 1 月 5 日前后。小寒，虽然名字叫“小”，实则寒冷甚过大寒。小寒节气一般在农历腊月，腊月初八又被称为“腊八”，这一天我国不少地方流行喝腊八粥。腊八粥的食材有很多，据《燕京岁时记·腊八粥》记载：“腊八粥者，用黄米、白米、江米、小米、菱角米、栗子、红豇豆、去皮枣泥等，合水煮熟，外用染红桃仁、杏仁、瓜子、花生、榛穰、松子及白糖、红糖、琐琐葡萄，以作点染。”可见，煮制腊八粥是极为复杂和讲究的。时值腊八，家家户户做腊八粥，祭祀祖先、合家食用、馈赠亲朋，自此拉开春节的序幕。春节前后，家家户户总是要摆上几盆水仙。它只要一碟清水、几粒卵石，置于案头窗台，就能在万花凋零的寒冬腊月展翠吐芳，春意盎然，祥瑞温馨。人们用它庆贺新年，作为“岁朝清供”的年花。

小寒，十二月节。月初寒尚小，故云，月半则大矣。

——元·吴澄《月令七十二候集解》

古人留下一言半句，未透时撞著铁壁相似，忽然一日觑得透后，方知自己便是铁壁。

——《五灯会元》卷第十九《白云守端禅师》

五日

一月

小寒

星期日

甲戌日

农历腊月 共二十九天	初六	今日小寒 丁丑月
初候	雁北乡	六十七候

昆曲

2001 年，昆曲入选联合国教科文组织首批《人类口头和非物质遗产代表作名录》。2008 年，自动纳入《人类非物质文化遗产代表作名录》。

昆曲是南戏发展到昆山一带，与当地的音乐、歌舞、语言结合而成的一个新的声腔剧种。昆曲起源于明代，是中国现存最古老的剧种之一。昆曲是传统文化的结晶，也是戏曲表演的典范，其艺术形式精致、内涵深厚，对中国近代的所有戏剧剧种都有着巨大的影响。代表性剧目有《琵琶记》《牡丹亭》《长生殿》《鸣凤记》《玉簪记》《红梨记》《水浒记》《烂柯山》《十五贯》等。

发行时间	2010 年 6 月 12 日
志号	2010–14
票名	昆曲
图名	（3–1）浣纱记
设计者	叶华

《浣纱记》是明代戏曲作家梁辰鱼创作的昆曲剧目，讲述了越王勾践向吴王夫差进献浣纱女西施，用其美貌施计谋离间吴国君臣，最终成功反攻的故事。它首次成功地把“水磨调”用于舞台，开拓了昆山腔借助生旦爱情抒发兴亡之感的创作领域，是昆曲发展历史上具有代表性的剧目之一。邮票画面表现的是《浣纱记》中伍子胥寄子齐国的情景。

一月

六

乙亥日

星期一

《西岳华山庙碑》

农历腊月 共二十九天	初七	丁丑月 廿日大寒
初候	雁北乡	六十七候

发行时间	2010 年 6 月 12 日
志号	2010–14
票名	昆曲
图名	（3–2）牡丹亭
设计者	叶华

《牡丹亭》是昆曲的经典剧目之一，为明代戏曲作家汤显祖的作品。讲述了南安太守之女杜丽娘与书生柳梦梅在梦中相爱，醒后丽娘伤情而死，化为魂魄寻找爱人，借助画像与柳梦梅相见，最终丽娘起死回生，二人永结同心的团圆故事。邮票画面呈现《牡丹亭》中杜丽娘与柳梦梅两情相悦的动人情景。

一月

丙子日

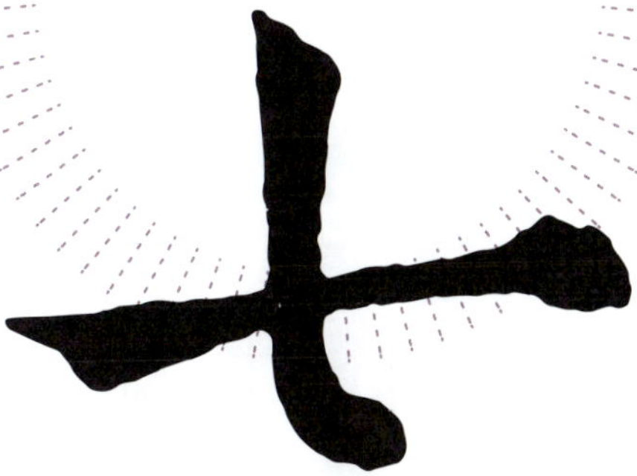

星期二

欧阳通《道因法师碑》

农历腊月 共二十九天	初八	丁丑月 廿日大寒
初候	雁北乡	六十七候

发行时间	2010 年 6 月 12 日
志号	2010–14
票名	昆曲
图名	（3–3）长生殿
设计者	叶华

《长生殿》源于清代戏曲作家洪昇创作的传奇剧本，以唐明皇李隆基与杨贵妃的爱情故事为主线，同时揭露安史之乱前后统治阶级内部的矛盾和腐化。由于结合了昆曲别具一格的表演艺术程式，其优美的曲词、精严的曲律更为人称道。邮票画面描绘李、杨二人情到浓时的缠绵悱恻。

一月

丁丑日

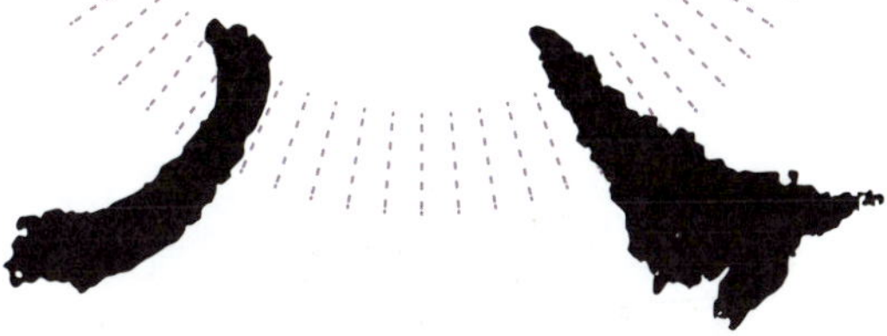

星期三

《乙瑛碑》

共二十九天 农历腊月	初九	丁丑月 廿日大寒
初候	雁北乡	六十七候

蒙古族长调民歌

2008 年，联合国教科文组织将蒙古族长调民歌列入《人类非物质文化遗产代表作名录》。

蒙古族民歌分为“长调”和“短调”，“长调”在蒙古语中的发音为“乌日汀哆”，被誉为“草原音乐的活化石”。蒙古族长调是抒情歌曲，旋律悠长舒缓、意境开阔。它赞美美丽的草原、山川、河流，歌颂父母的爱情、亲密的友谊，表达人们对命运的思索。

发行时间	2017 年 5 月 1 日
志号	2017–9
票名	内蒙古自治区成立七十周年
图名	（3–2）亮丽北疆
设计者	殷会利、牧婧、胡杨

长调在蒙古族人民的生活中占据着重要的地位，婴儿降生、婚礼、乔迁以及一些重要的节庆仪式上，都流动着长调的旋律，而在重要场合上演唱长调也是对人们最好的祝福。邮票画面右侧展现蒙古族人民在蒙古包前的欢声笑语，其中男子手中正在弹奏的马头琴是配合长调演唱的重要乐器，一旁牧草茂盛、牛羊成群，一片欢乐祥和的景象。

一月

九

戊寅日

星期四

《孙秋生造像记》

农历腊月 共二十九天	初十	丁丑月 廿日大寒
初候	雁北乡	六十七候

发行时间 1998 年 7 月 24 日

志号 1998–16M

票名 锡林郭勒草原（小型张）

图名 锡林郭勒河曲

设计者 马莲、丹森

长调的演唱和传承与蒙古族人民的游牧生活密切相关，其歌词大多描写美丽的草原、奔驰的骏马、成群的牛羊、湛蓝的天空与湖泊等。小型张展现的锡林郭勒草原是长调的主要流传地之一，画面中是一望无际的草原，蜿蜒曲折的河穿行其中，与奔腾的骏马交相辉映，正如长调歌词中描绘的图景。

一月

己卯日

星期五

褚遂良《雁塔圣教序》

中国人民警察节		
共二十九天 农历腊月	十一	丁丑月 廿日大寒
次候	鹊始巢	六十八候

1955年1月10日，中国集邮有限公司前身中国集邮公司成立。

新疆维吾尔木卡姆艺术

2008年，新疆维吾尔木卡姆艺术入选联合国教科文组织《人类非物质文化遗产代表作名录》。

“新疆维吾尔木卡姆”是流传于中国新疆各维吾尔族聚居区的各种木卡姆的总称，是集歌、舞、乐于一体的大型综合艺术形式。在维吾尔族人民的特定文化语境中，“木卡姆”已经成为包容文学、音乐、舞蹈、说唱、戏剧乃至民族认同、宗教信仰等各种艺术成分和文化意义的词语。新疆维吾尔木卡姆的主代表作为《十二木卡姆》，此外，还流传着《刀郎木卡姆》《吐鲁番木卡姆》《哈密木卡姆》。

发行时间 2015年10月1日

志号 2015–25

票名 新疆维吾尔自治区成立六十周年

图名 （3–3）团结和谐

设计者 马新胜、刘晓磊

新疆维吾尔木卡姆表演类型众多，音乐富有变化，舞蹈技巧丰富多彩，经常出现在维吾尔族人民各类重要场合中。邮票画面描绘了新疆维吾尔自治区内各族人民载歌载舞的欢庆场景。

一月

十二

庚辰日

星期六

王羲之《集字圣教序》

农历腊月 共二十九天	十二	丁丑月 廿日大寒
次候	鹊始巢	六十八候

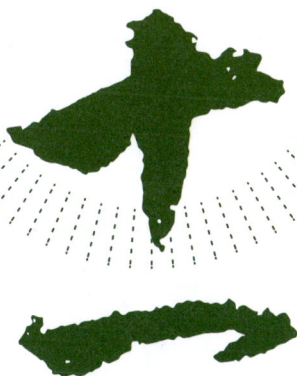

羌年

2009 年，羌年入选联合国教科文组织《急需保护的非物质文化遗产名录》。

羌年，又称小年、十月小年，是我国羌族人民的传统节日，于每年农历十月初一举行庆祝活动，为期四至五天。节日期间，羌族人民身着节日盛装祭拜天神、祈祷繁荣，在“释比”（羌族文化中的祭司）的细心指引下，举行庄严的祭山仪式，杀羊祭神。然后，他们会在“释比”的带领下，跳皮鼓舞和萨朗舞。羌年是羌族人民宝贵的文化遗产，集信仰、历史、歌舞、饮食于一体，从节庆活动中体现出羌族人民崇拜自然和先祖的民族个性，具有民族学、民俗学、社会学、历史学、文化学等多方面的研究价值。

发行时间	1999 年 10 月 1 日
志号	1999-11
票名	中华人民共和国成立五十周年——民族大团结
图名	（56-33）羌族
设计者	周秀青、金向

邮票画面中的羌族男女身着传统服装，伴随音乐起舞，洋溢着幸福的气息。

一月

十二

辛巳日

星期日

虞世南《孔子庙堂碑》

农历腊月 共二十九天	十三	丁丑月 廿日大寒
次候	鹊始巢	六十八候

中国木拱桥传统营造技艺

2009 年，中国木拱桥传统营造技艺入选联合国教科文组织《急需保护的非物质文化遗产名录》。

中国木拱桥传统营造技艺是采用原木材料，使用传统木建筑工具及手工技法，运用“编梁”等核心技术，以榫卯连接并构筑成稳固的拱架桥梁的技艺体系。作为传统工艺的载体，木拱桥既是传播工具，也是传播场所。人们在木拱桥上交流信息、开展娱乐活动、举行祭拜仪式，凸显了其重要的文化特征。

发行时间 1956 年 10 月 1 日

志号 特 16

票名 东汉画像砖

图名 （112）马车过桥

设计者 孙传哲

中国木拱桥传统营造技艺是一种古老而独特的桥梁建造工艺。由于年代久远，众多木拱桥至今已腐朽无存，但从邮票图案中的东汉画像砖上，依然可以感受到当年桥上车水马龙的热闹景象。

一月

十二

壬午日

星期一

王羲之《澄清堂帖》

农历腊月 共二十九天	十四	丁丑月 廿日大寒
次候	鹊始巢	六十八候

发行时间	2004 年 10 月 18 日
志号	2004–26
票名	清明上河图
图名	（9–5）清明上河图
设计者	王虎鸣
原作品作者	北宋 · 张择端

木拱桥传统营造技艺在北宋时期的《清明上河图》中也有表现。邮票画面展现的是《清明上河图》中段的部分场景，一座木拱桥架在汴河之上，如长虹卧波，古朴典雅，多称之为“汴水虹桥”，桥下船只穿行，桥上行人云集，热闹非凡。

一月

十四

癸未日

星期二

欧阳询《九成宫醴泉铭》

农历腊月 共二十九天	十五	丁丑月 廿日大寒
次候	鹊始巢	六十八候

黎族传统纺染织绣技艺

2009年，黎族传统纺染织绣技艺入选联合国教科文组织《急需保护的非物质文化遗产名录》。

黎族传统纺染织绣技艺是我国黎族妇女创造的一种纺织技艺，它集纺、染、织、绣于一体，用棉线、麻线和其他纤维等材料制作衣服和其他日常用品。黎族妇女凭借丰富的想象力和对传统样式的了解，设计出独具特色的纺织图案，成为黎族历史、文化传奇、宗教仪式、禁忌、信仰、传统和民俗的记录者。

发行时间	1963年6月30日
志号	特55
票名	中国民间舞蹈（第三组）
图名	（282）黎族三月三
设计者	卢天骄
原作品作者	倪常明

“三月三”，在每年农历三月初三举行，是黎族人民悼念祖先、庆贺新生、赞美幸福生活、表达对爱情向往之情的传统节日。在这天，黎族人民都会身着传统的黎锦，盛装出行，各地青年男女汇集一起，吹起鼻箫，载歌载舞，欢庆这一传统节日。邮票画面表现了一对黎族青年男女在节日氛围中热烈起舞的场景。

一月

甲申日

星期三

米芾《草书九帖》

农历腊月 共二十九天	十六	丁丑月 廿日大寒
末候	雉雊	六十九候

发行时间	1999 年 10 月 1 日
志号	1999-11
票名	中华人民共和国成立五十周年——民族大团结
图名	（56-19）黎族
设计者	周秀青、金向

黎族传统刺绣图案多样，以人物、花草、动物、天象为主，表达吉祥如意、幸福美满的寓意，展示黎族人民对生活的热爱、对自然的崇拜。邮票画面中的青年男女身着黎族传统服饰，跳起当地欢乐的舞蹈。

一月

十六

乙酉日

星期四

褚遂良《孟法师碑》

农历腊月 共二十九天	十七	丁丑月 廿日大寒
末候	雉雊	六十九候

发行时间	1980 年 11 月 20 日
志号	J.58
票名	中国古代科学家（第三组）
图名	（4–4）黄道婆（元代纺织技术家）
设计者	邓锡清
原作品作者	范曾

黄道婆，元代棉纺织技术革新家，松江乌泥泾（今上海市）人。少年时期流落崖州（今海南省三亚市），从黎族先民手中学习了纺织技艺并加以改进，总结出错纱、配色、综线、絮花等织造技术。后将黎族传统纺织技术带回故乡，促进了松江一带棉纺织业的繁荣发展，被誉为“衣被天下”的女纺织技术家。

一月

十七

丙戌日

星期五

《曹全碑》

农历腊月 共二十九天	十八	丁丑月 廿日大寒
末候	雉雊	六十九候

中国篆刻

2009 年，中国篆刻入选联合国教科文组织《人类非物质文化遗产代表作名录》。

中国篆刻是以石材为主要材料，以刻刀为工具，以汉字为表象的一门独特的镌刻艺术。它由中国古代的印章制作技艺发展而来，至今已有 3000 多年的历史。它既强调中国书法的笔法、结构，又突出镌刻中自由、酣畅的艺术表达，于方寸间施展技艺、抒发情感，深受中国文人及普通民众的喜爱。篆刻艺术作品既可以独立欣赏，又可以在书画作品等领域广泛应用。

发行时间	1997 年 8 月 17 日
志号	1997–13M
票名	寿山石雕（小型张）
图名	乾隆链章
设计者	任国恩、柯永生

小型张图案中的"乾隆链章"是带链田黄石印章，现藏于故宫博物院。它是用一整块黄玉雕刻成的三枚印章，并由活动的链环连接在一起。链章中三枚印章的篆刻方式和玺文布局均有不同，从左到右分别刻有"乾隆宸翰""乐天""惟精惟一"的印文，在方寸之间富于变化。

一月

十八

丁亥日

星期六

褚遂良《雁塔圣教序》

农历腊月 共二十九天	十九	丁丑月 廿日大寒
末候	雉雊	六十九候

发行时间	2004 年 9 月 17 日
志号	2004－21
票名	鸡血石印
图名	（2－1）乾隆宝玺
设计者	王虎鸣

鸡血石因其颜色殷红如鸡血而得名，其质地细腻，色泽艳丽，是中国制印、工艺雕刻的传统名石。邮票图案主体为乾隆皇帝的宝玺全貌，左侧是阳文篆刻的“乾隆宸翰”。此方宝玺材质为鸡血石，晶莹剔透，近于冻石。通体随形浅浮雕池塘荷花，雕琢精微细腻，形象生动传神，被喻为“巨灵妙手，小幅丹青”，是乾隆宝玺中雕刻最精美的一方。

戊子日

一月十九

星期日

《说文解字》

农历腊月 共二十九天	廿	丁丑月 明日大寒
末候	雉雊	六十九候

旧雪未及消，新雪又拥户。
阶前冻银床，檐头冰钟乳。

——北宋·邵雍《大寒吟》

发行时间	2019 年 11 月 8 日
志号	2019–31
票名	二十四节气（四）
图名	（6–6）大寒
设计者	刘金贵、王虎鸣

大寒一般在每年公历 1 月 20 日前后。虽然现代气象观测记录表明，我国大部分地区大寒不如小寒寒冷，但大寒仍值“数九寒天”中的“四九”前后，也是一年中的寒冷时期。吃年糕是许多地方迎接大寒节气的习俗。这项习俗虽然听来简单，却蕴含着前人在生活中积累的经验，因为进入大寒天气分外寒冷，制作年糕的糯米是热量比较高的食物，有很好的御寒作用。年糕寓意“年年高”，也是为新一年的工作与生活讨一个好彩头。大寒时节，梅花不畏严冬，傲雪凌霜，花朵幽香清新，被人们视为高洁、典雅、爱国和坚贞不渝的象征。

大寒，十二月中。解见前。

——元·吴澄《月令七十二候集解》

眼能识得，耳能听得，口能道得，手能做得，身能行得，心能放得。六者尽能，与天同德。

——北宋·邵雍《六得吟》

廿日

一月

星期一

己丑日

大寒

共二十九天 农历腊月	廿一	丁丑月 今日大寒
初候	鸡乳	七十候

发行时间	2004 年 9 月 17 日
志号	2004–21
票名	鸡血石印
图名	（2–2）嘉庆宝玺
设计者	王虎鸣

邮票图案主体为清朝嘉庆皇帝的“惟几惟康”玺，采用阴文篆刻。此方宝玺材质温润细腻，赭色冻地上分布着或断或连的鸡血斑纹，似飘流浮云与出没于云间的卷龙造型融为一体，给人以云蒸霞蔚之感。此玺为清嘉庆皇帝的闲章。

一月

廿二

《爨宝子碑》

庚寅日

星期二

农历腊月 共二十九天	廿二	丁丑月 三日立春
初候	鸡乳	七十候

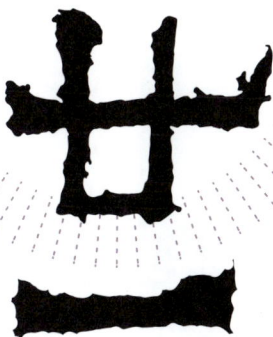

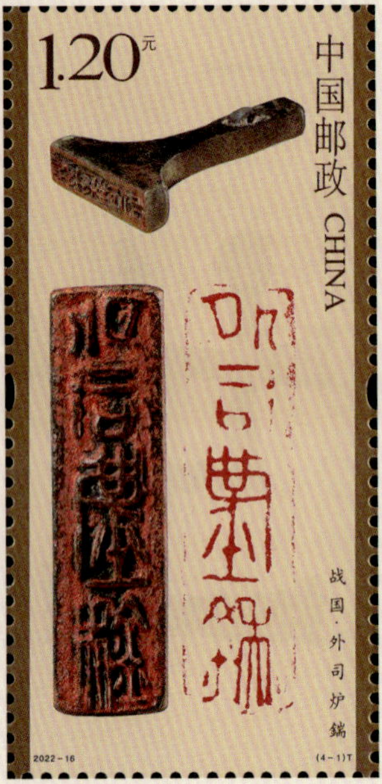

发行时间　2022 年 8 月 5 日

志号　2022–16

票名　中国篆刻

图名　（4–1）战国·外司炉鍴

设计者　容铁

《中国篆刻》特种邮票采用竖长票型，以宣纸色为背景，全方位展示印章、印蜕、印面三部分。此邮票图案展现的是战国时期燕国官印“外司炉鍴”玺，铜铸，阳文篆刻“外司炉鍴”，有观点认为此为掌管铸造钱币的职官之玺。现藏于故宫博物院。

一月

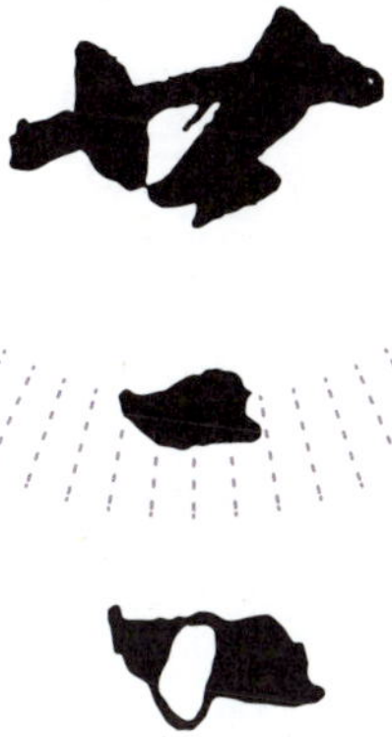

辛卯日

星期三

王羲之《大观帖》

农历腊月 共二十九天	廿三	三日立春 丁丑月
初候	鸡乳	七十候

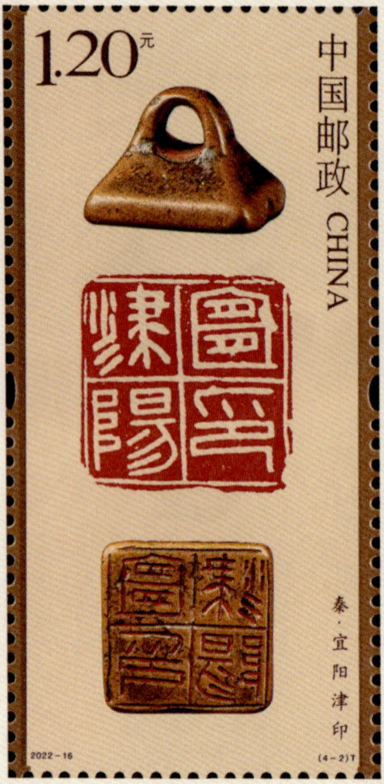

发行时间　2022 年 8 月 5 日

志号　2022–16

票名　中国篆刻

图名　（4–2）秦 · 宜阳津印

设计者　容铁

邮票图案展现的是秦代铜铸官印“宜阳津印”，即管理宜阳县渡口官员的官印，现藏于上海博物馆。秦代的印章有其独有的特征：印面大多数带有界格，印文字序也不止传统的从上到下、从左到右。从画面中心的印蜕可以看出，本枚印章采用阴文篆刻，呈“田”字界格，字序对读，小篆文字结体紧敛，自然率意，为秦官印之代表。

一月

壬辰日

廿三

星期四

《高贞碑》

农历腊月 共二十九天	廿四	丁丑月 三日立春
初候	鸡乳	七十候

发行时间	2022 年 8 月 5 日
志号	2022-16
票名	中国篆刻
图名	（4-3）汉·朔宁王太后玺
设计者	容铁

邮票图案展现的是汉代金铸“朔宁王太后玺”，龟钮，为西汉末年反对王莽的义军首领之一朔宁王为其母亲所刻，现藏于重庆中国三峡博物馆。入印文字是当时标准的汉摹印篆，字形方正，风格端庄大气，朴拙沉稳，是极为珍贵的汉代金制官印。

一月

廿四

癸巳日

星期五

《乙瑛碑》

农历腊月 共二十九天	廿五	丁丑月 三日立春
初候	鸡乳	七十候

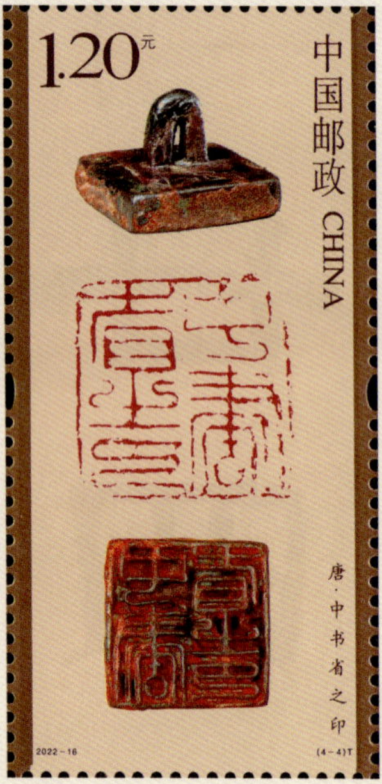

发行时间 2022年8月5日

志号 2022–16

票名 中国篆刻

图名 （4–4）唐·中书省之印

设计者 容铁

邮票画面上方为唐代高鼻钮“中书省之印”，铜铸，为唐代中央官署官印，现藏于故宫博物院。此枚印章的制造采用当时较新的造印方法，即用铜条叠成文字后再与印面凹槽焊成整体，其成印字口较深，印蜕有铁线阳文之感，为当今较为少见的唐代官印。

一月

甲午日

廿六

星期六

王羲之《澄清堂帖》

农历腊月 共二十九天	廿六	丁丑月 三日立春
次候	征鸟厉疾	七十一候

发行时间	2024 年 3 月 20 日
志号	2024–3
票名	中国篆刻（二）
图名	（4–1）琴罢倚松玩鹤 · 文彭
设计者	容铁

邮票画面展示了明代篆刻家文彭“琴罢倚松玩鹤”印，是其少见的存世真刻之一。印章边款以行书入印，自然流畅，详细记载了刻印的缘由。印面采用阳文篆刻，内容创造性地使用了风雅诗句，在篆刻史上具有重要意义。

一月

廿六

乙未日

星期日

颜真卿《建中告身帖》

农历腊月 共二十九天	廿七	丁丑月 三日立春
次候	征鸟厉疾	七十一候

发行时间	2024 年 3 月 20 日
志号	2024–3
票名	中国篆刻（二）
图名	（4–2）笑谈间气吐霓虹 · 何震
设计者	容铁

邮票画面展示了明代篆刻家何震的作品——“笑谈间气吐霓虹”印，是何震目前存世的珍贵篆刻原石之一。印面采用阴文篆刻，结构上张弛有度，刀法流畅；边款以单刀刻制，篆法沉着，起收笔刀痕显露，气势磅礴，带有十分强烈的个性色彩。

一月

丙申日

廿七

星期一

郑道昭《郑文公下碑》

共二十九天 农历腊月	廿八	丁丑月 三日立春 明日除夕
次候	征鸟厉疾	七十一候

发行时间	2000 年 1 月 29 日
志号	2000–2M
票名	春节（小型张）
图名	合家欢乐
设计者	郝旭东

除夕是农历岁末的最后一个晚上，俗称大年夜。作为除旧迎新的临界点，人们的一切活动都围绕这一主题展开：隆重丰盛的年夜饭是一年中最具有仪式感的聚会，全家人务必到齐，长辈给孩子分发红纸包好的压岁钱。大年夜灯火通宵不熄，全家人围炉夜话，称为“守岁”。守候新岁，燃鞭接年，世代传承的年节文化折射出中国人对新的一年的企盼及对美好生活的向往。

一月

丁酉日

星期二

王羲之《淳化阁帖》

除夕		
共二十九天 农历腊月	廿九	丁丑月 二日立春 今日除夕
次候	征鸟厉疾	七十一候

发行时间　2000 年 1 月 29 日

志号　2000–2

票名　春节

图名　（3–1）迎新春
（3–2）辞旧岁
（3–3）闹社火

设计者　郝旭东

春节是中华民族盛大的传统节日。春节历史悠久，源于上古社会的腊祭，西周时已形成聚饮、拜贺、祝寿等后世年节的主要习俗。去旧、迎新是传统春节的两大主题，岁前驱邪除秽，岁后迎新纳福。正月初一凌晨，开门迎新，物事惟新，人亦“从新”，人们新衣新帽，簪花戴胜，饮春酒，从岁时。拜年是岁首的主要活动，之后舞龙、社火、庙会等活动会一直热闹地持续到正月十五。春节是具有很强伦理意义的节日，至今仍有整合社会人伦关系的作用。

正月晴和风气新，纷纷已有醉游人。

——唐·白居易《早春持斋，答皇甫十见赠》

一月

戊戌日

廿九

星期三

王献之《廿九日帖》

春节		
首阳 农历正月 共三十天	初一	丁丑月 二日立春 今日春节
次候	征鸟厉疾	七十一候

【一月迎春花】

金英翠萼带春寒，黄色花中有几般。

（唐·白居易《玩迎春花赠杨郎中》）

发行时间	2024 年 3 月 20 日
志号	2024–3
票名	中国篆刻（二）
图名	（4–3）子孙非我有 委蜕而已矣·汪关
设计者	容铁

邮票画面中的印章为明代篆刻家汪关的代表性作品，印面采用阳文篆刻，内容选自白居易的诗句“子孙非我有，委蜕而已矣”，表现出文人闲章中的意趣。篆刻刀法工整稳实，布局匀称圆活，富有书卷气息。

一月

己亥日

星期四

《中岳嵩高灵庙碑》

共三十天 农历正月	初二	丁丑月 二日立春
末候	水泽腹坚	七十二候

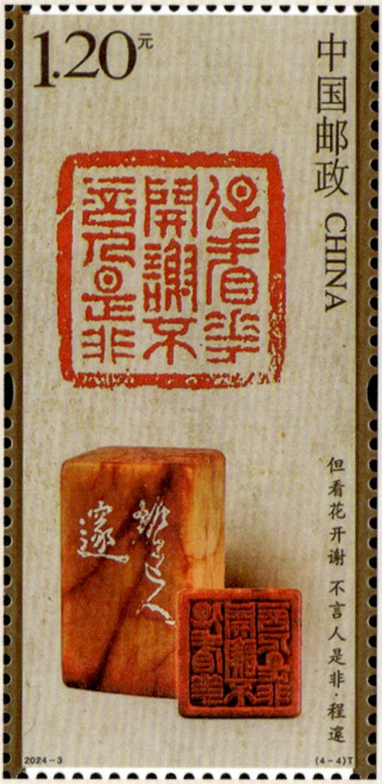

发行时间	2024 年 3 月 20 日
志号	2024–3
票名	中国篆刻（二）
图名	（4–4）但看花开谢 不言人是非 · 程邃
设计者	容铁

邮票图案中的印章出自明末清初篆刻家程邃之手，采用阳文篆刻，印文为大篆书写的“但看花开谢 不言人是非”，表达出篆刻者的心态与人生追求。印面排布章法整齐、古拙浑朴，印章边款篆署姓名、自然流畅。

一月

廿一

庚子日

星期五

《石门铭》

共三十天 农历正月	初三	丁丑月 二日立春
末候	水泽腹坚	七十二候

发行时间	2001 年 1 月 5 日
志号	2001–2
票名	辛巳年
图名	（2–1）祥蛇祝福
设计者	呼振源
原作品作者	白秀娥（剪纸）

二月

中国雕版印刷技艺

2009 年，中国雕版印刷技艺入选联合国教科文组织《人类非物质文化遗产代表作名录》。

雕版印刷技艺是运用刀具在木板上雕刻文字或图案，再用墨、纸、绢等材料刷印、装订成书籍的一种特殊技艺，迄今已有 1300 多年的历史，比活字印刷技艺早 400 多年。它开创了人类复印技术的先河，承载着难以计量的历史文化信息，在世界文化传播史上起着无与伦比的重要作用。

发行时间　2003 年 9 月 30 日

志号　2003–19

票名　图书艺术（中国—匈牙利联合发行）

图名　（2–1）宋刻本《周礼》

邮票画面主体为南宋福建建阳书坊所刻的《周礼》。建阳是南宋时期全国三大刻书中心之一，其采用雕版印刷方式，在书本刻印、排版方面进行了创新，刻书内容十分丰富。画面中的《周礼》可以视为宋代版画技术和雕刻印刷水平的代表作品。

二月

辛丑日

星期六

王羲之《集字圣教序》

共三十天 农历正月	初四	丁丑月 三日立春
末候	水泽腹坚	七十二候

发行时间	2009 年 9 月 9 日
志号	2009–19
票名	国家图书馆
图名	（2–1）古籍馆
设计者	李群

《敦煌遗书》《赵城金藏》《永乐大典》和《钦定四库全书》是国家图书馆的“四大专藏”，也是镇馆之宝。邮票图案下方正中展现的是国家图书馆古籍馆主楼“文津楼”外景，背景画面是国家图书馆收藏的《永乐大典》和《敦煌遗书》中的部分内容，其中《敦煌遗书》中的部分内容属于雕版印刷作品。

二月

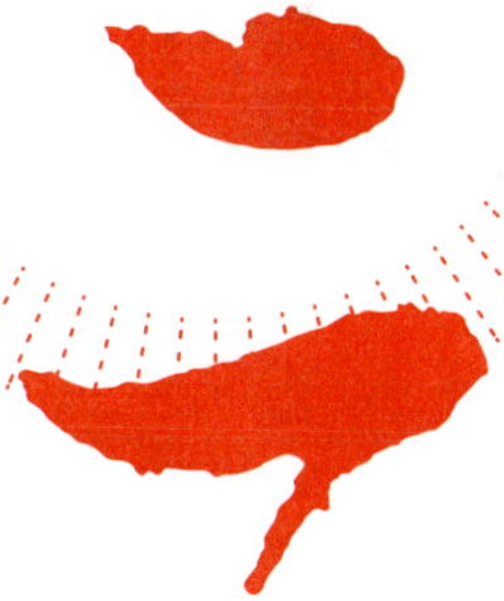

壬寅日

星期日

怀素《秋兴八首》

世界湿地日		
共三十天 农历正月	初五	丁丑月 明日立春
末候	水泽腹坚	七十二候

立春正月春气动，东风能解凝寒冻；
土底蛰虫始振摇，鱼陟负冰相戏泳。
——明·龚廷贤《万病回春》卷之一

发行时间	2015 年 2 月 4 日
志号	2015-4
票名	二十四节气（一）
图名	（6-1）立春
设计者	刘金贵、王虎鸣

立春揭开了春天的序幕，一般在每年公历 2 月 3 日至 5 日之间，表示万物复苏的春季开始，很快到处都将呈现出欣欣向荣和生机勃勃的春景。每年立春之日，人们咬食生萝卜、吃春饼。民间认为吃生萝卜可解除春天困乏；吃春饼，取迎新之意。冬末春初，梅花凌寒早开，疏花点点，香远益清。梅花以其高洁、坚强、谦虚的品格，激励人立志奋发，与雪竹、青松并称“岁寒三友”。

立春，正月节。立，建始也。五行之气，往者过，来者续，于此而春木之气始至，故谓之立也，立夏秋冬同。

——元·吴澄《月令七十二候集解》

合抱之木，生于毫末；九层之台，起于累土；千里之行，始于足下。

——《老子》

三日

二月

立春

星期一

癸卯日

今日立春		
农历正月 廿三十天	初六	戊寅月 今日立春
初候	东风解冻	一候

发行时间	2009 年 9 月 9 日
志号	2009–19
票名	国家图书馆
图名	（2–2）总馆北区
设计者	李群

邮票图案下方正中展现的是国家图书馆总馆北区馆外景，背景为国家图书馆收藏的《钦定四库全书》和《赵城金藏》中《大般若波罗蜜多经》的部分内容。其中《赵城金藏》为我国金朝民间募资雕版的佛教大藏经，又因原藏于山西赵城，故称之为《赵城金藏》。

二月

甲辰日

星期二

唐太宗《晋祠铭》

共三十天 农历正月	初七	戊寅月 十八日雨水
初候	东风解冻	一候

发行时间	2003 年 1 月 25 日
志号	2003-2
票名	杨柳青木版年画
图名	（4-1）五子夺莲
设计者	王虎鸣

杨柳青木版年画是流行于中国北方地区的民间年画品种，也是天津最具代表性的民间艺术之一。邮票画面表现的是清雍正年间娃娃题材的作品。“五子”寓意多子多福，“夺莲”有连生贵子之意。画面中的娃娃形象生动，造型丰满，线刻细密，染色鲜明艳丽，充分体现了杨柳青木版年画的独特风格。

二月

乙巳日

五

星期三

欧阳询《九成宫醴泉铭》

农历正月 共三十天	初八	戊寅月 十八日雨水
初候	东风解冻	一候

发行时间	2003 年 1 月 25 日
志号	2003–2
票名	杨柳青木版年画
图名	（4–2）钟馗
设计者	王虎鸣

杨柳青木版年画约始于明代后期，发源于千年古镇杨柳青，伴随京杭大运河的开通及天津漕运的兴起日益走向兴盛。邮票画面表现的是清乾隆年间神话传说题材的作品，描绘了高举利剑、降伏妖魔的钟馗形象。钟馗是神话传说中打鬼驱邪的神仙，民间百姓将绘有其形象的年画贴于大门上，用来驱鬼邪、保平安。

二月

六

丙午日

星期四

《西岳华山庙碑》

农历正月 共三十天	初九	戊寅月 十八日雨水
初候	东风解冻	一候

发行时间 2003 年 1 月 25 日

志号 2003-2

票名 杨柳青木版年画

图名 （4-3）盗仙草

设计者 王虎鸣

杨柳青木版年画采用刻绘结合的手法，刻工精美，绘制细腻，人物生动，色彩典雅，是著名的年画品种之一。邮票画面表现的是清乾隆年间戏曲题材的作品，描绘了白娘子和小青为救许仙性命，在盗取昆仑山灵芝仙草的过程中，与护山仙童战斗的场面。该作品人物清丽，线条优雅，人大于景，疏朗有风致。

二月

丁未日

七

星期五

欧阳通《道因法师碑》

农历正月 共三十天	初十	戊寅月 十八日雨水
初候	东风解冻	一候

发行时间	2003 年 1 月 25 日
志号	2003–2
票名	杨柳青木版年画
图名	（4–4）玉堂富贵
设计者	王虎鸣

2006 年，杨柳青木版年画入选我国第一批《国家级非物质文化遗产代表性项目名录》。邮票画面表现的是杨柳青木版年画中清代早期仕女题材的作品。画面中身着清代服饰的年轻女子怀抱一子、手携一子，孩童手执玉兰、海棠、牡丹、桂花，谐音“玉堂富贵”。

二月

八

戊申日

星期六

《乙瑛碑》

共三十天 农历正月	十一	戊寅月 十八日雨水
次候	蛰虫始振	二候

发行时间　2004 年 1 月 14 日
志号　2004–2
票名　桃花坞木版年画
图名　（4–1）琵琶有情
设计者　王虎鸣

桃花坞木版年画是流行于中国江南地区的民间年画品种，约始于明代后期，发源于江苏苏州桃花坞一带。其技法继承了宋代的雕版印刷工艺，兼用人工着色和彩色套版，构图均匀丰满，色彩鲜艳夺目，具有独特的民间艺术风格。邮票画面表现了一名弹词女艺人演唱“堂会”的情景。

二月

九

己酉日

星期日

《孙秋生造像记》

农历正月 共三十天	十二	戊寅月 十八日雨水
次候	蛰虫始振	二候

发行时间 2004 年 1 月 14 日

志号 2004–2

票名 桃花坞木版年画

图名 （4–2）麒麟送子

设计者 王虎鸣

邮票画面表现了一位送子仙人怀抱着婴儿，乘坐在昂首奔跑的麒麟上的情景，寓意吉祥。麒麟是古代传说中的瑞兽，民间用“麟儿”指称聪颖的幼童。这是民间祝福新婚夫妇早生贵子的门画，一般在结婚喜庆的场合张贴。

二月

庚戌日

星期一

褚遂良《雁塔圣教序》

共三十天 农历正月	十三	戊寅月 十八日雨水
次候	蛰虫始振	二候

发行时间　2004 年 1 月 14 日

志号　2004–2

票名　桃花坞木版年画

图名　（4–3）刘海戏金蟾

设计者　王虎鸣

邮票画面表现了童稚可爱的小财神刘海手持成串金钱，正在逗戏灵物三足金蟾的情景。刘海即刘海蟾，是道教中的全真道祖师之一，民间谚语有云：“刘海戏金蟾，步步吊金钱。”因此他也被视为洒钱散财、吉庆、祥瑞的化身。

二月

十一

辛亥日

星期二

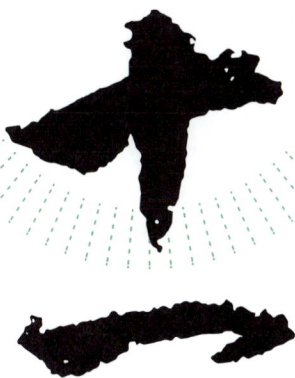

王羲之《集字圣教序》

共三十天 农历正月	十四	戊寅月 十八日雨水
次候	蛰虫始振	二候

发行时间	2006 年 2 月 12 日
志号	2006–3
票名	民间灯彩
图名	（5–1）鱼灯
	（5–2）白菜灯
	（5–3）莲花灯
	（5–4）龙凤灯
	（5–5）花蝶灯
设计者	尚予

元宵节是中国民间传统节日，因为时逢农历每年正月十五“上元”，所以又称“上元节”，也因这天晚上灯火辉煌而被称为“灯节”。元宵节的起源与发展同上古天时观念及佛教、道教的推动有关。在古代，“上元”是天官大帝的生日，东汉佛教文化的传入、唐代道教的兴盛，都使得元宵夜的灯火更加璀璨夺目。

二月

十二

壬子日

星期三

虞世南《孔子庙堂碑》

元宵节		
农历正月 共三十天	十五	戊寅月 十八日雨水
次候	蛰虫始振	二候

发行时间　2004 年 1 月 14 日
志号　2004–2
票名　桃花坞木版年画
图名　（4–4）十美踢球图
设计者　王虎鸣

邮票画面是一名女子正举足扬臂、踢球嬉乐的情景，从中能够感受到人物自如的球技。“球”在古代被称为“鞠”，蹴鞠，即中国古代的一种球类游戏。原作品有十名女子正在作踢球之戏，故得名。

二月

十三

癸丑日

星期四

王羲之《澄清堂帖》

共三十天 农历正月	十六	戊寅月 十八日雨水
末候	鱼陟负冰	三候

发行时间 2004 年 1 月 14 日

志号 2004–2M

票名 桃花坞木版年画（小全张）

图名 桃花坞木版年画

设计者 王虎鸣

江苏苏州在历史上是商业发达、文化隆盛之地，画家云集，也是当时工艺美术和书籍雕版中心之一，画工和雕版结合，创造了桃花坞木版年画。新中国成立后，桃花坞木版年画在内容和形式上推陈出新，并成立桃花坞木刻年画社，不断加大传承发展力度。小全张画面偏左下方为四枚邮票横连印排列，边饰为“刘海戏金蟾”单色图。

二月

十四

甲寅日

星期五

欧阳询《九成宫醴泉铭》

共三十天 农历正月	十七	戊寅月 十八日雨水
末候	鱼陟负冰	三候

发行时间	2005 年 2 月 1 日
志号	2005–4
票名	杨家埠木版年画
图名	（4–1）门神
设计者	王虎鸣

杨家埠木版年画产生于明朝末年，是一种流传于山东省潍坊市杨家埠村的传统民间版画。邮票画面展现的是门神秦琼的形象，画面中的秦琼，身穿胄甲，手执双锏，威风凛凛，令人生畏。在民间，人们将其贴在大门上，希冀辟邪驱灾，保佑平安。

二月

十五

乙卯日

星期六

米芾《草书九帖》

农历正月 共三十天	十八	戊寅月 十八日雨水
末候	鱼陟负冰	三候

发行时间	2005 年 2 月 1 日
志号	2005–4
票名	杨家埠木版年画
图名	（4–2）连年有余
设计者	王虎鸣

邮票画面为一个女子伴一个幼童，女子婀娜多姿，头戴草帽，肩挑花篮，篮中盛满鲜花，她身旁的幼童手抱一条金尾大鲤鱼，整幅画面寓意生活富足、年年有余、家庭美满。

二月

十六

丙辰日

星期日

褚遂良《孟法师碑》

共三十天 农历正月	十九	戊寅月 十八日雨水
末候	鱼陟负冰	三候

发行时间 2005 年 2 月 1 日

志号 2005–4

票名 杨家埠木版年画

图名 （4–3）喜报三元

设计者 王虎鸣

邮票画面中央为两名童子，手上和身边为瑞鸟、石榴、桂圆、荔枝、核桃等，瑞鸟意为期盼祥瑞、天下太平，而桂圆、荔枝、核桃都为圆形，“圆”与“元”谐音，寓意科举考试能“连中三元”，寄托着子孙能学业有成、金榜题名的美好期望，喜庆吉祥。

二月

十七

丁巳日

星期一

《曹全碑》

共三十天 农历正月	廿	戊寅月 明日雨水
末候	鱼陟负冰	三候

殆尽冬寒柳罩烟，熏风瑞气满山川。
天将化雨舒清景，萌动生机待绿田。

——**南宋·刘辰翁《雨水》**

发行时间	2015年2月4日
志号	2015–4
票名	二十四节气（一）
图名	（6–2）雨水
设计者	刘金贵、王虎鸣

雨水时节雨量增多，是万物欣欣向荣、草木萌生的时候，一般在每年公历2月18日至20日之间。雨水节气有吃龙须饼的习俗，这源于一个美好的传说。据说当年武则天当上皇帝，玉帝得知后勃然大怒，给四海龙王下旨，三年内不能向人间下雨，因此民不聊生。管天河的龙王知道以后，怜悯人间，于是违背玉帝的命令，向人间下了一次大雨。玉帝得知以后，把龙王打入凡间，压在一座大山下作为惩罚。百姓为了纪念龙王，就在雨水节气这天吃龙须饼。雨水节气宜赏杏花。杏花，又名“丹杏”，在仲春时节开放，有变色的特点，含苞时为纯红色，开花后颜色逐渐变淡，花落时变成纯白色。在张谦德的《瓶花谱》中，杏花属四品六命之花，足显其在古人心中地位之高。

雨水，正月中。天一生水，春始属木，然生木者，必水也，故立春后继之雨水。且东风既解冻，则散而为雨水矣。

——元·吴澄《月令七十二候集解》

什么是学问？学问是要能解决问题的。什么是真正的学问？真正的学问就是要能解决自己的问题！

——当代思想家、哲学家、教育家 梁漱溟

十八日 星期二

二月

雨水

戊午日

农历正月 共三十天	廿一	今日雨水 戊寅月
初候	獭祭鱼	四候

发行时间 2005年2月1日

志号 2005–4

票名 杨家埠木版年画

图名 （4–4）天女散花

设计者 王虎鸣

杨家埠木版年画制作方法简便，工艺精湛，色彩鲜艳，内容丰富，是我国著名民间年画之一。邮票画面中一仙女携一女童，仙女手持花篮，将篮中鲜花撒向大地，寓意春满人间、吉庆常在、风调雨顺、国泰民安。

二月

十九

己未日

星期三

《说文解字》

共三十天 农历正月	廿二	戊寅月 五日惊蛰
初候	獭祭鱼	四候

发行时间 2005 年 2 月 1 日

志号 2005-4M

票名 杨家埠木版年画（小全张）

图名 杨家埠木版年画

设计者 王虎鸣

杨家埠木版年画间接地记录下了中国民间社会生活的情况，对于中国古代民间文化的研究有一定参考价值。小全张画面采用红色底色，边饰左右各有一个金线描绘的门神，中央四枚邮票依次排列，犹如一张张真实的木版年画映入眼帘。

二月

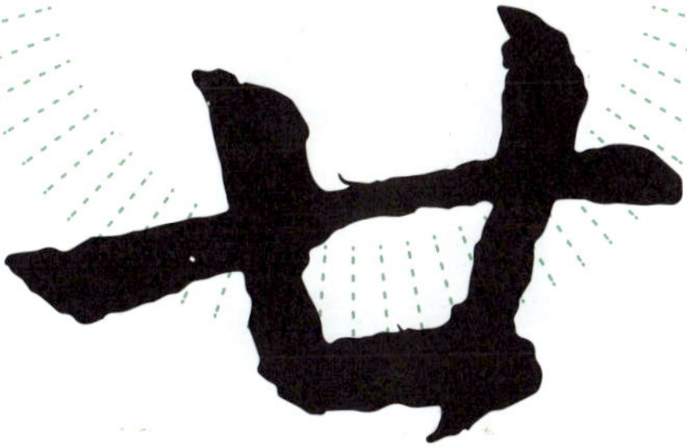

庚申日

星期四

王羲之《澄清堂帖》

农历正月 共三十天	廿三	戊寅月 五日惊蛰
初候	獭祭鱼	四候

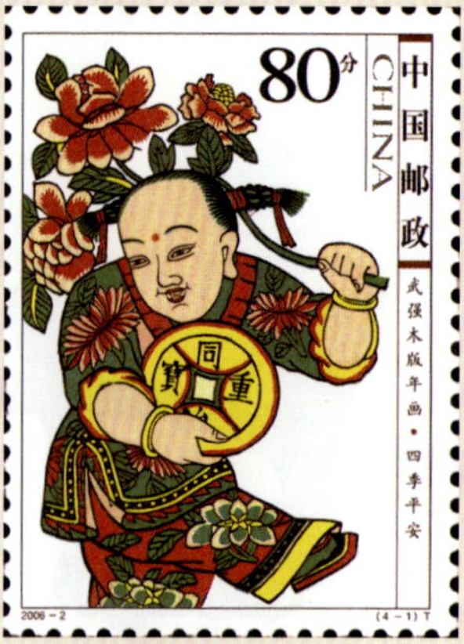

发行时间	2006 年 1 月 22 日
志号	2006–2
票名	武强木版年画
图名	（4–1）四季平安
设计者	王虎鸣

武强木版年画产生于宋末元初，因流传于河北省武强县而得名。邮票画面中是一名招财童子，一手执圆形方孔钱币，一手持折枝莲花和牡丹，寓意富贵廉洁、生财有道、四季平安。

二月

廿二

辛酉日

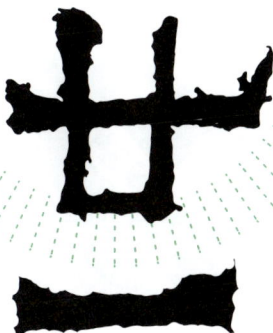

星期五

《爨宝子碑》

农历正月 共三十天	廿四	戊寅月 五日惊蛰
初候	獭祭鱼	四候

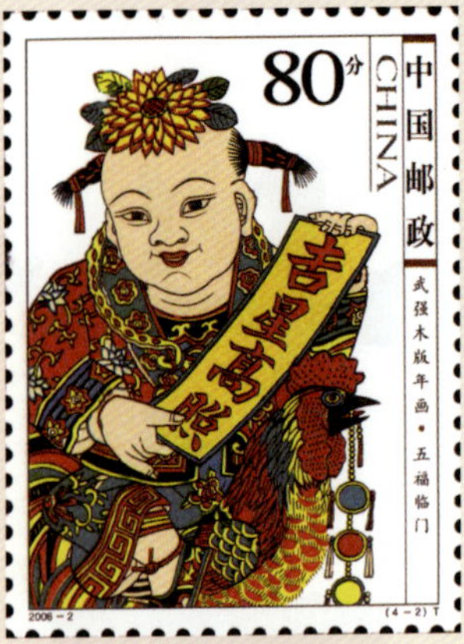

发行时间	2006 年 1 月 22 日
志号	2006–2
票名	武强木版年画
图名	（4–2）五福临门
设计者	王虎鸣

武强木版年画色彩明快、线条粗犷、构图饱满，具有强烈的乡土气息和民间色彩，深受广大民众喜爱。邮票画面中一名童子头戴菊花，“菊”与“吉”谐音，手持“吉星高照”条幅，身下骑着一只大公鸡，寓意吉祥与福气。

二月

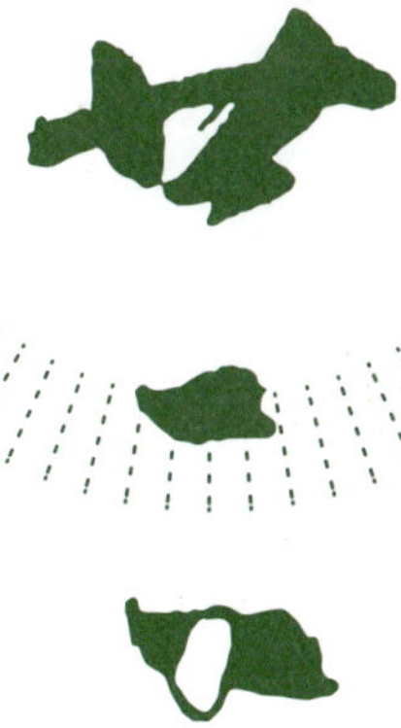

壬戌日

星期六

王羲之《大观帖》

共三十天 农历正月	廿五	戊寅月 五日惊蛰
初候	獭祭鱼	四候

发行时间	2006 年 1 月 22 日
志号	2006-2
票名	武强木版年画
图名	（4-3）富贵花开
设计者	王虎鸣

武强木版年画题材广泛，内容丰富，形式多样，品种繁多，有门画、灶画、中堂、炕围画、条屏等。邮票画面中央为一只大花瓶，瓶中插满牡丹、菊花和荷花，三种鲜花分别代表着富贵、吉祥、夫妻和合，寓意幸福美满。

二月

廿三

癸亥日

星期日

《高贞碑》

农历正月 共三十天	廿六	戊寅月 五日惊蛰
次候	候雁北	五候

发行时间	2006 年 1 月 22 日
志号	2006-2
票名	武强木版年画
图名	（4-4）狮子滚绣球
设计者	王虎鸣

邮票画面为一头正在戏耍绣球的雄狮，狮子蓬头大耳、巨目炯炯，生动威猛、憨态可掬，在传统文化中常被用来辟邪或守护家宅；绣球色彩斑斓，有吉祥喜庆、好事连连的寓意。民间有“狮子滚绣球，好事在后头”的说法，因此这幅年画也寓意着消灾驱邪、喜事降临。

二月

廿四

甲子日

星期一

《乙瑛碑》

共三十天 农历正月	廿七	戊寅月 五日惊蛰
次候	候雁北	五候

发行时间	2006 年 1 月 22 日
志号	2006–2M
票名	武强木版年画（小全张）
图名	武强木版年画
设计者	王虎鸣

小全张背景是金色色调的“六子争头”年画，寓意六六大顺。画面左右各两枚邮票，两两排开，与金色背景形成统一的整体，相得益彰。

二月

乙丑日

星期二

王羲之《澄清堂帖》

农历正月 共三十天	廿八	五日惊蛰 戊寅月
次候	候雁北	五候

发行时间	2007 年 2 月 10 日
志号	2007–4
票名	绵竹木版年画
图名	（4–1）坐提刀
设计者	王虎鸣

绵竹木版年画因流传于四川省绵竹市一带而得名。邮票画面表现了武将坐帐的姿态，只见他身着盔甲，外穿锦袍，头戴帅盔，面目威严，美髯飘逸，一手提刀，一手抚须，眉眼间尽显威严。

二月

廿六

丙寅日

星期三

颜真卿《建中告身帖》

共三十天 农历正月	廿九	戊寅月 五日惊蛰
次候	候雁北	五候

发行时间	2007 年 2 月 10 日
志号	2007–4
票名	绵竹木版年画
图名	（4–2）穆桂英
设计者	王虎鸣

绵竹木版年画具有浓郁的乡土韵味和地方特色，技法细腻，造型质朴粗犷，色彩鲜明。邮票画面中的人物是小说《杨家将演义》中的女英雄穆桂英，她身披战袍，一手持刀，一手搭在翎子上，腰佩宝剑，英姿飒爽，不愧是“大破天门敌胆寒，裙钗飒爽跃征鞍”的巾帼英雄。

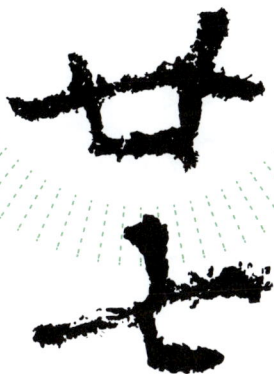

二月

廿七

丁卯日

星期四

郑道昭《郑文公下碑》

共二十天 农历正月	三十	戊寅月 五日惊蛰
次候	候雁北	五候

发行时间	2007 年 2 月 10 日
志号	2007–4
票名	绵竹木版年画
图名	（4–3）双喜童子
设计者	王虎鸣

绵竹木版年画的内容以辟邪迎祥、风土人情、戏曲故事、历史文化、神话传说为主。邮票画面中有两名童子，一名手持莲花，逗引蝴蝶；另一名坐于地上，手捧佛手，寓意福寿双全、平安喜乐、好运连连。

新年都未有芳华，二月初惊见草芽。

——唐·韩愈《春雪》

二月

戊辰日

星期五

王羲之《淳化阁帖》

绀香 农历二月 共二十九天	初一	戊寅月 五日惊蛰
末候	草木萌动	六候

【二月杏花】

清香和宿雨，佳色出晴烟。

（唐·钱起《酬长孙绎蓝溪寄杏》）

发行时间	2001 年 1 月 5 日
志号	2001–2
票名	辛巳年
图名	（2–2）祥运普照
设计者	呼振源
原作品作者	贾四贵（剪纸）

三月

发行时间 2007 年 2 月 10 日

志号 2007–4

票名 绵竹木版年画

图名 （4–4）张仙射狗

设计者 王虎鸣

“张仙射狗”是民间年画的传统题材，传说中天狗会顺着烟囱钻进室内，欺吓孩子，散播疾病，而张仙挽弓携弹，驻守烟囱关口，天狗就不敢侵入房间。邮票画面描绘的便是张仙骑着神兽，张弓射弹，射向云中天狗，守护儿童的画面。由于“弹”和“诞”同音，因此张仙又被尊为“诞生神”，包含着送子、护子的美好祝愿。

三月

一

己巳日

星期六

王羲之《集字圣教序》

共二十九天 农历二月	初二	戊寅月 五日惊蛰
末候	草木萌动	六候

发行时间	2007 年 2 月 10 日
志号	2007–4M
票名	绵竹木版年画（小全张）
图名	绵竹木版年画
设计者	王虎鸣

小全张画面左侧边饰图案为门神尉迟敬德的形象，其手执钢鞭，横眉冷对，威武庄严，四枚邮票在右侧依次排列，在金黄色背景的衬托下更显色彩鲜明、形象生动。

三月

庚午日

星期日

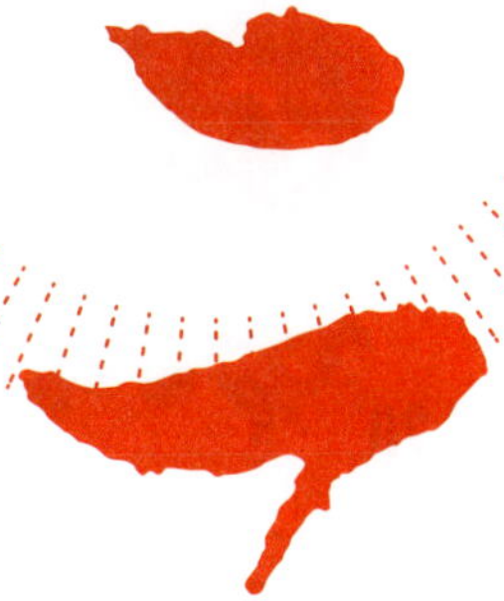

怀素《秋兴八首》

农历二月 共二十九天	初三	戊寅月 五日惊蛰
末候	草木萌动	六候

发行时间	2008 年 1 月 15 日
志号	2008–2
票名	朱仙镇木版年画
图名	（4–1）步下鞭
设计者	王虎鸣

河南省开封市朱仙镇木版年画兴于宋，盛于明清。邮票画面人物为朱仙镇木版年画经典门神形象秦琼，其身材魁伟，手持双锏，有威武之气。人们常将其贴在门上，把守门户，驱灾避邪。

三月

辛未日

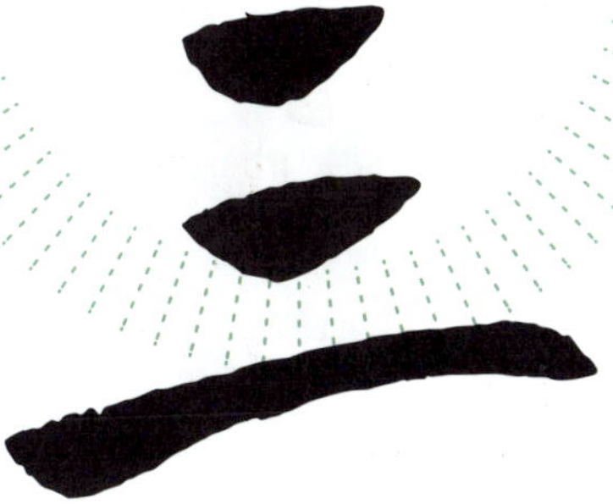

星期一

王献之《淳化阁帖》

全国爱耳日		
农历二月 共二十九天	初四	戊寅月 五日惊蛰
末候	草木萌动	六候

发行时间	2008 年 1 月 15 日
志号	2008-2
票名	朱仙镇木版年画
图名	（4-2）三娘教子
设计者	王虎鸣

朱仙镇木版年画内容丰富，多源于民间故事、神话传说、戏曲等，体现了中原劳动人民善良纯朴、热情豪放的性格和审美情趣，反映了人们对美好生活的向往。本邮票画面描绘了三娘教育顽子时的情景，取材于戏曲《三娘教子》。

三月

壬申日

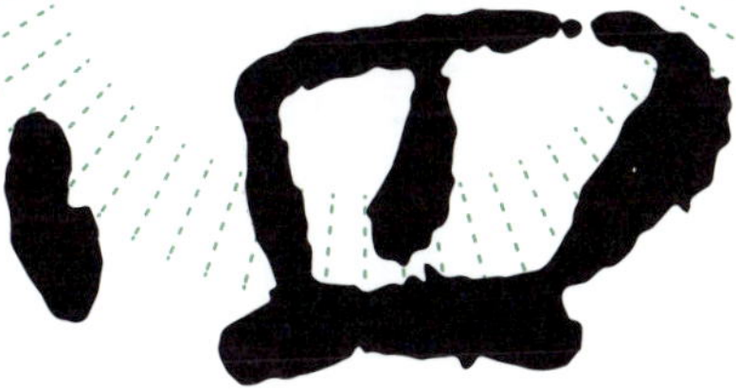

星期二

唐太宗《晋祠铭》

农历二月 共二十九天	初五	戊寅月 明日惊蛰
末候	草木萌动	六候

微雨众卉新，一雷惊蛰始。
田家几日闲，耕种从此起。
——唐·韦应物《观田家》

发行时间	2015 年 2 月 4 日
志号	2015-4
票名	二十四节气（一）
图名	（6-3）惊蛰
设计者	刘金贵、王虎鸣

惊蛰一般在每年公历 3 月 5 日至 7 日。“蛰”是藏的意思，“惊蛰”则有天气回暖、春雷始鸣、惊醒蛰伏于地下冬眠的昆虫之意。传统习俗中，惊蛰要吃梨，因为“梨”和“离”谐音，寓意跟害虫分离，也寓意在气候多变的春日，让疾病远离身体。惊蛰吃梨还有“离家创业”“光宗耀祖”之寓意。惊蛰前后，正是桃花开放的时节。桃树树姿优美、花朵丰腴、色彩艳丽。作为春花的代表，桃花素有“春来第一花”的美誉，被看作春天的象征。

二月节，万物出乎震，震为雷，故曰惊蛰。是蛰虫惊而出走矣。

——元·吴澄《月令七十二候集解》

子曰：“知者乐水，仁者乐山；知者动，仁者静；知者乐，仁者寿。”

——《论语》

三月

五日

星期三

癸酉日

驚蟄

学雷锋纪念日　中国青年志愿者服务日　周恩来诞辰纪念日		
农历二月 共二十九天	初六	己卯月 今日惊蛰
初候	桃始华	七候

发行时间	2008 年 1 月 15 日
志号	2008-2
票名	朱仙镇木版年画
图名	（4-3）满载而归
设计者	王虎鸣

朱仙镇木版年画构图饱满、色彩艳丽、线条粗犷简练、造型古朴夸张，是中原地区具有代表性的民间艺术。邮票画面展现了一个力士手推装满财宝的双轮车“满载而归”的形象，寓意财源滚滚。

三月

甲戌日

六

星期四

《西岳华山庙碑》

农历二月 共二十九天	初七	己卯月 廿日春分
初候	桃始华	七候

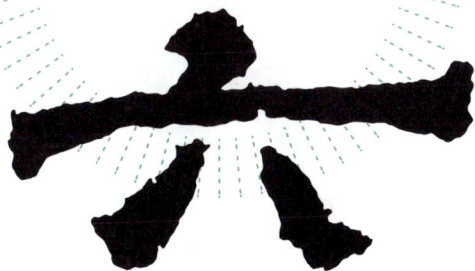

发行时间 2008 年 1 月 15 日

志号 2008–2

票名 朱仙镇木版年画

图名 （4–4）凤香兰

设计者 王虎鸣

朱仙镇木版年画用色讲究，以矿物、植物作原料，采用手工磨制，磨出的颜料色彩十分纯净，以之印制的年画鲜艳明快，久不褪色。此邮票画面展现了凤、香、兰三位女侠的英姿，取材于历史小说《施公案》。

三月

七

乙亥日

星期五

欧阳通《道因法师碑》

农历二月 共二十九天	初八	己卯月 廿日春分
初候	桃始华	七候

发行时间 2010 年 3 月 8 日

志号 2010–6

票名 “三八”国际劳动妇女节一百周年

图名 “三八”国际劳动妇女节一百周年

设计者 郭春宁

国际劳动妇女节是纪念世界各国妇女争取自由、平等、发展的节日。1909 年 3 月 8 日，美国芝加哥女工为争取权益举行罢工和游行。次年，德国国际工人运动活动家克拉拉·蔡特金在第二次国际社会主义妇女代表大会上倡议以每年 3 月 8 日作为世界妇女斗争日，得到一致拥护。1949 年 12 月，我国中央人民政府政务院规定每年的 3 月 8 日为妇女节。

三月

丙子日

星期六

《乙瑛碑》

国际劳动妇女节		
农历二月 共二十九天	初九	己卯月 廿日春分
初候	桃始华	七候

发行时间　2008 年 1 月 15 日

志号　2008-2M

票名　朱仙镇木版年画（小全张）

图名　朱仙镇木版年画

设计者　王虎鸣

朱仙镇木版年画制作精细，从画稿、雕刻、制色到印刷、装裱，需要二十几道工序。如今，朱仙镇木版年画与时俱进，融入了许多时代元素，画面异彩纷呈。小全张画面以黄色为底色，装饰祥云等传统纹样，右下角为年画中的尉迟敬德形象，与第一枚邮票中的秦琼同为门神，贴于左右两扇大门上。邮票连印依次排列于左侧，风格统一，富有传统民间艺术色彩。

三月

九

丁丑日

星期日

《孙秋生造像记》

农历二月 共二十九天	初十	己卯月 廿日春分
初候	桃始华	七候

发行时间　2009 年 1 月 18 日

志号　2009-2

票名　漳州木版年画

图名　（4-1）狮头衔剑

设计者　王虎鸣

漳州木版年画因产于福建漳州而得名，始于宋代，兴盛于明清时期，主要流传于以漳州的芗城区为代表的闽南、岭南一带。邮票画面以狮头图案为主体，兽毛正张，双目圆瞪，口衔七星剑，额头印有八卦图，寓意辟邪保平安。

三月

戊寅日

十

星期一

褚遂良《雁塔圣教序》

农历二月 共二十九天	十一	己卯月 廿日春分
次候	仓庚鸣	八候

发行时间	2009 年 1 月 18 日
志号	2009–2
票名	漳州木版年画
图名	（4–2）日日进财
设计者	王虎鸣

漳州木版年画内容多为辟邪消灾、祈求吉祥、历史戏文故事及装饰图案等，其形式多样，有门画、门顶画、中堂画、独幅、连环等，其中以门画居多。邮票画面描绘了两个嬉戏的小孩子，一个手捧元宝，一个举起一枚写有“日日进财”的铜钱，寓意财源广进。

三月

己卯日

星期二

王羲之《集字圣教序》

农历二月 共二十九天	十二	己卯月 廿日春分
次候	仓庚鸣	八候

发行时间	2019 年 3 月 12 日
志号	2019-4
票名	中国植树节
图名	中国植树节
设计者	宋鉴

植树造林历来是中华民族的优良传统。1979 年，第五届全国人民代表大会常务委员会第六次会议决定将每年的 3 月 12 日定为植树节。3 月 12 日是孙中山先生逝世纪念日，将植树节定在该日，意在缅怀孙中山先生在林业建设方面所作出的重要贡献。植树既是履行法定义务的具体行动，也是建设美丽中国、推进生态文明建设、改善民生福祉的具体行动。人人植树，年年植树，日积月累，让祖国大地不断绿起来、美起来。

三月

十二

庚辰日

星期三

中国植树节
2025.3.12 中国

虞世南《孔子庙堂碑》

中国植树节		
农历二月 共二十九天	十三	己卯月 廿日春分
次候	仓庚鸣	八候

发行时间	2009 年 1 月 18 日
志号	2009-2
票名	漳州木版年画
图名	（4-3）天仙送子
设计者	王虎鸣

漳州木版年画以大红、朱红、淡红、纸本色和黑色等为底色，构图大方，色彩鲜明，既有粗犷简洁之特点，又有纤巧细腻之风韵，曾远销海外。本邮票画面描绘了“送子仙人”张仙一手持弹弓、一手怀抱幼儿的形象，此类题材的年画常作为吉祥年画装饰于新婚夫妇的门扉。

三月

辛巳日

十二

星期四

王羲之《澄清堂帖》

农历二月 共二十九天	十四	廿日春分 己卯月
次候	仓庚鸣	八候

发行时间	2009 年 1 月 18 日
志号	2009–2
票名	漳州木版年画
图名	（4–4）老鼠嫁女
设计者	王虎鸣

漳州木版年画制作时需要先在木质平板上镌刻画稿，即分色版和墨线版，而后以“饾版”工艺套印于纸上。雕版分阳版和阴版两种，印制时采用版套印，画面效果十分明朗。邮票画面上半部分表现的是热闹非凡的送亲队伍，下半部分表现的则是老鼠抬花轿嫁女的场景，构图紧凑、画面诙谐。

三月

十四

壬午日

星期五

欧阳询《九成宫醴泉铭》

农历二月 共二十九天	十五	廿日春分 己卯月
次候	仓庚鸣	八候

发行时间 2014 年 3 月 15 日

志号 2014–5

票名 保护消费者权益

图名 （2–1）公平公正

（2–2）保护权益

设计者 何浩

为了促进各国和地区消费者组织的合作与交往，以更好地开展保护消费者权益的活动，国际消费者联盟于 1983 年确定每年 3 月 15 日为“国际消费者权益日”。世界各地的消费者组织在这一天会举行各种活动，推动保护消费者权益运动进一步发展。自 1991 年中央电视台播出“3 · 15”晚会以来，每年一次的“3 · 15 国际消费者权益日”活动对我国产生了重要的影响，促进了消费者权益保护意识的觉醒和提高。2014 年 3 月 15 日，由全国人大修订的新版《中华人民共和国消费者权益保护法》正式施行。

三月

十五

癸未日

星期六

米芾《草书九帖》

国际消费者权益日		
农历二月 共二十九天	十六	己卯月 廿日春分
末候	鹰化为鸠	九候

发行时间	2009 年 1 月 18 日
志号	2009–2M
票名	漳州木版年画（小全张）
图名	漳州木版年画
设计者	王虎鸣

小全张画面以灰白色为底色，底部边饰采用漳州木版年画中经典的“老鼠嫁女”，画面生动诙谐。四枚邮票呈方形连印、居中排列，整体色彩对比强烈，充满了吉祥喜庆的氛围，保留了漳州木版年画的浓厚韵味。

三月

十六

甲申日

星期日

褚遂良《孟法师碑》

农历二月 共二十九天	十七	己卯月 廿日春分
末候	鹰化为鸠	九候

发行时间	2010 年 2 月 6 日
志号	2010–4
票名	梁平木版年画
图名	（4–1）门神
设计者	王虎鸣

梁平木版年画始于明，盛于清，起源于今重庆市梁平区屏锦镇。梁平木版年画属于木刻水印年画，是为庆贺年节而印制的一种美术制品。邮票图案中的将帅门神头大腰粗、身形雄壮，戴倒缨金翅盔，背插帅旗，身披鱼鳞金甲，手持元宝、火珠，凸显了金珠满门、财富到家的祥瑞气氛，是梁平年画中的精品。

三月

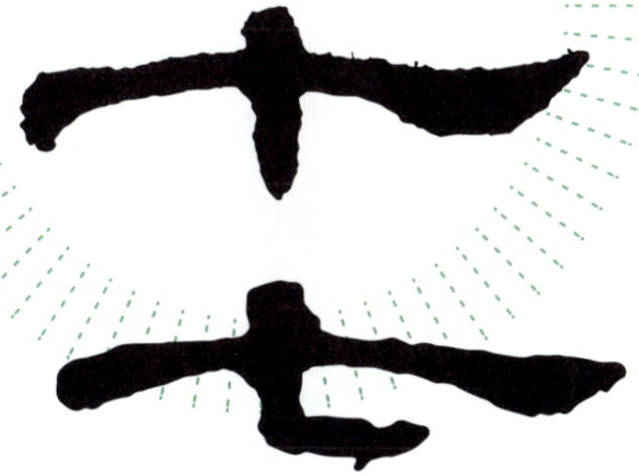

乙酉日

星期一

《曹全碑》

中国国医节　国际航海日		
农历二月 共二十九天	十八	己卯月 廿日春分
末候	鹰化为鸠	九候

发行时间	2010 年 2 月 6 日
志号	2010-4
票名	梁平木版年画
图名	（4-2）盗仙草
设计者	王虎鸣

邮票画面描绘的是白素贞和小青的形象，故事取材于清朝方成培所作的传奇《雷峰塔》。金山寺僧法海不满许仙与白素贞的姻缘，警告许仙白素贞是蛇妖所变。端阳节被劝喝下雄黄酒的白素贞现出原形，令许仙惊吓而死。后白素贞潜入昆仑山盗取灵芝仙草，被鹤鹿二仙打败，恰在此时，南极仙翁出于同情赠以灵芝，救活许仙。

三月

十八

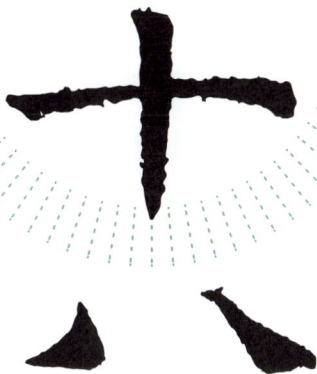

丙戌日

星期二

褚遂良《雁塔圣教序》

全国爱肝日		
农历二月 共二十九天	十九	己卯月 廿日春分
末候	鹰化为鸠	九候

发行时间	2010 年 2 月 6 日
志号	2010–4
票名	梁平木版年画
图名	（4–3）和气致祥
设计者	王虎鸣

邮票画面描绘了一位头绾双髻、眉开眼笑的大阿福，其手持卷轴，上书“和气致祥”。画面上方有蝙蝠口含仙桃、佛手，上书“如意”二字，两翼悬挂彩灯。“和气致祥，乖气致异”出自《汉书·刘向传》，反映儒家提倡的“以和为贵”理念。

三月

十九

丁亥日

星期三

《说文解字》

共二十九天 农历二月	廿	己卯月 明日春分
末候	鹰化为鸠	九候

仲春初四日，春色正中分。
绿野徘徊月，晴天断续云。
——**北宋·徐铉《春分日》**

发行时间	2015年2月4日
志号	2015-4
票名	二十四节气（一）
图名	（6-4）春分
设计者	刘金贵、王虎鸣

春分一般在每年公历3月20日到22日之间，春分日“昼夜均，寒暑平”的特点揭示了生命的平衡之道。春分时节，一些地方有吃春菜的习俗。春菜通常指一种野苋菜，鲜嫩翠绿，其与鱼片滚汤，名曰春汤。食春汤可生津润燥，清热降火。春分是梨花花信期。梨花开放晚于桃、杏，初开时，似银牙碎玉，盛开时柔柔弱弱地依附在遒劲的枝干上。其风格素净淡雅，自古以来深受人们的喜爱。

春分，二月中。分者，半也。此当九十日之半，故谓之分。

——元·吴澄《月令七十二候集解》

此心常看得圆满，天下自无缺陷之世界；此心常放得宽平，天下自无险侧之人情。

——明·洪应明《菜根谭》

廿日 星期四

戊子日

三月

春分

农历二月 共二十九天	廿一	今日春分 己卯月
初候	元鸟至	十候

2025年3月20日是中国邮政开办一百二十九周年纪念日，也是中国邮政储蓄银行成立十八周年纪念日。

发行时间	2010 年 2 月 6 日
志号	2010–4
票名	梁平木版年画
图名	（4–4）盗令出关
设计者	王虎鸣

邮票中的年画取材于戏曲《四郎探母》中的一段。故事讲述的是宋辽交战期间，杨四郎延辉在金沙滩之战后被辽邦俘虏，改名木易，与铁镜公主成婚生子。杨四郎思母心切，在妻子铁镜公主的帮助下盗得出关令牌，携妻带子逃回，最终成功与母亲相见。

三月

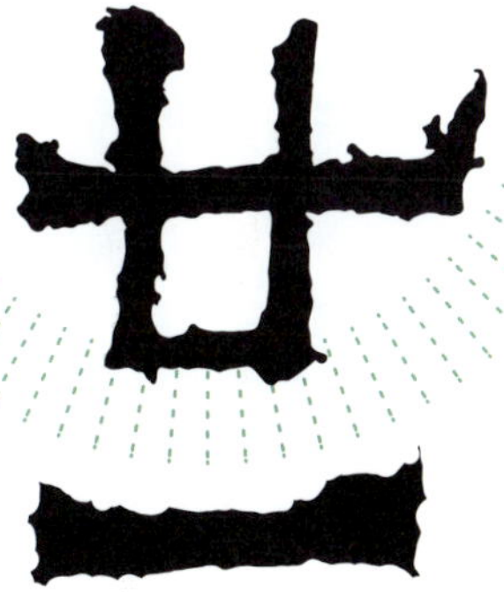

己丑日

星期五

《爨宝子碑》

农历二月 共二十九天	廿二	己卯月 四日清明
初候	元鸟至	十候

发行时间	2013 年 3 月 22 日
志号	2013–7
票名	世界水日
图名	世界水日
设计者	陈国进

1993 年 1 月 18 日，联合国大会通过了第 193 号决议，确定自 1993 年起，将每年的 3 月 22 日定为世界水日，以推动对水资源进行综合性统筹规划和管理，解决日益严峻的缺水问题。同时，通过开展广泛的宣传教育活动，增强公众的节水意识，加强水资源保护。

三月

廿二

庚寅日

星期六

王羲之《大观帖》

世界水日		
共二十九天 农历二月	廿三	己卯月 四日清明
初候	元鸟至	十候

发行时间 1958 年 8 月 25 日

志号 特 24

票名 气象

图名 （136）古代气象

（137）气象观测

（138）气象服务

设计者 孙传哲

1960 年，世界气象组织决定把每年 3 月 23 日设为“世界气象日”。中国是世界气象组织的创始国之一，我国气象和水文部门积极参与世界气象组织的各项合作活动，推动了气象学在航空、航海、水利、农业和人类其他活动方面的应用。

本套邮票由孙传哲设计。图一描绘了汉代科学家张衡发明的“相风铜鸟”，这是世界上最早的风向仪，背景绘有牧牛图、航海图等，象征中国古代气象工作与农牧业、航海交通业之间的密切关系；图二画面表现了我国自主制造的探空仪，通过经纬网、群山、树木与建筑，体现气象工作与人类之间密切的联系；图三表现的是我国最早于上海外滩建立的气象观测塔。

三月

辛卯日

廿三

星期日

《高贞碑》

世界气象日		
农历二月 共二十九天	廿四	四日清明 己卯月
初候	元鸟至	十候

发行时间	2010 年 2 月 6 日
志号	2010–4M
票名	梁平木版年画（小全张）
图名	梁平木版年画
设计者	王虎鸣

梁平木版年画被称为梁平“三绝”之一，题材主要有门神、神话故事、戏曲故事三大类。制作上采用雕版水印，运用浪漫主义表现手法，造型古朴生动，构图饱满简洁，人物夸张变形，色彩对比强烈，具有鲜明的地方特色。小全张画面以黄色为底色，右侧边饰采用“立斧门神”年画，四枚邮票两两连印，中间过桥为“梁平木版年画”文字及介绍，风格统一，富有新意。

三月

廿四

壬辰日

星期一

《乙瑛碑》

世界防治结核病日		
农历二月 共二十九天	廿五	己卯月 四日清明
初候	元鸟至	十候

发行时间	2011 年 1 月 10 日
志号	2011-2
票名	凤翔木版年画
图名	（4-1）执鞭敬德
设计者	王虎鸣

凤翔木版年画是陕西凤翔的传统艺术，始创于明正德初年。该年画全以手工雕版，土法印制，局部手绘染填，套金套银而成，色彩对比强烈，造型饱满夸张，保留了木版年画古朴自然的艺术风格，深受民众喜爱。邮票画面描绘了尉迟敬德身披甲胄、手执钢鞭的威武形象，是凤翔年画门神中最具代表性的一幅，其夸张、威武的造型是人们理想中镇压一切邪恶的代表。

三月

癸巳日

星期二

王羲之《澄清堂帖》

农历二月 共二十九天	廿六	己卯月 四日清明
次候	雷乃发声	十一候

发行时间 2011 年 1 月 10 日

志号 2011–2

票名 凤翔木版年画

图名 （4–2）纳祥童子

设计者 王虎鸣

邮票画面以夸张的手法塑造了一个可爱健硕的骑虎娃娃。娃娃头大身小、面容俊秀，挥舞着胖胖的小手，其形象和服饰都富有关中地区特色，十分招人喜爱。整幅画面生动活泼，富有情趣，寓意驱虎辟邪、纳祥平安，表现了人们对美好生活的向往和追求。

三月

廿六

甲午日

星期三

颜真卿《建中告身帖》

农历二月 共二十九天	廿七	己卯月 四日清明
次候	雷乃发声	十一候

发行时间　2011 年 1 月 10 日

志号　2011–2

票名　凤翔木版年画

图名　（4–3）佳人爱菊

设计者　王虎鸣

邮票画面描绘了两个身材修长、身着华衣的女子，分别肩担或手提着一篮菊花，眼望着脚下。人物姿态优雅大方，画面色彩艳丽、构思巧妙，是凤翔木版年画中仕女画的佳作之一。

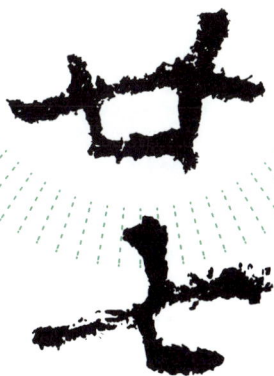

三月

乙未日

廿七

星期四

郑道昭《郑文公下碑》

农历二月 共二十九天	廿八	己卯月 四日清明
次候	雷乃发声	十一候

中国邮政 CHINA
凤翔木版年画
富贵花瓶 瓶饰如意纹及冰裂纹，插以双荷及莲蓬，两旁配以书籍、茶壶、印章、石榴、酒坛、蝙蝠，象征平安富贵。
1.20元
2011-2
(4-4)T

发行时间	2011 年 1 月 10 日
志号	2011–2
票名	凤翔木版年画
图名	（4–4）富贵花瓶
设计者	王虎鸣

邮票画面以一个精美的花瓶为主体，瓶纹为如意纹和冰裂纹，插以双荷及莲蓬，两旁配以书籍、茶壶、石榴和酒坛，空白处补以蝙蝠及富贵印，象征四季平安、富贵祥和。

三月

丙申日

星期五

王羲之《淳化阁帖》

共二十九天 农历二月	廿九	己卯月 四日清明
次候	雷乃发声	十一候

中国书法

2009年，中国书法入选联合国教科文组织《人类非物质文化遗产代表作名录》。

中国书法是以笔、墨、纸、砚为主要工具材料，通过汉字书写，在完成信息交流等实用功能的同时，以特有的造型符号和笔墨韵律，融入人们对自然、社会、生命的思考，从而表现出中国人特有的思维方式、人格精神与性情志趣的一种艺术实践。中国书法伴随着汉字的产生与演变而发展，历经3000多年，已成为中国文化的代表性符号。

发行时间	1998年1月5日
志号	1998–1
票名	戊寅年
图名	（2–2）气贯长虹
设计者	王虎鸣、马刚

颜真卿的书法雄伟刚劲、大气磅礴，被称为颜体。邮票图案采用了颜真卿所书《裴将军诗》中的草书“一笔虎”书法。此书极具气势，点画之间随意天成，转折行笔极为自然，显示出其高超的艺术造诣。

故人西辞黄鹤楼，烟花三月下扬州。

——唐·李白《黄鹤楼送孟浩然之广陵》

三月

廿九

丁酉日

星期六

王献之《廿九日帖》

莺时 共三十天 农历三月	初一	己卯月 四日清明
次候	雷乃发声	十一候

【三月桃花】

风光新社燕，时节旧春农。

（唐·薛能《桃花》）

注："农"通"浓"。

发行时间	2003 年 2 月 22 日
志号	2003-3
票名	中国古代书法——篆书
图名	（2-1）西周·毛公鼎
设计者	王虎鸣

书法是中华艺术的瑰宝，篆书是中国书法的一种书体，起源于西周末年，至秦始皇时期达到鼎盛。邮票画面上的篆体文字选自铸造于西周晚期的毛公鼎上的铭文，它记述了周宣王的诰诫，是一篇完整的册命，既回顾了时弊，又申明了周宣王任毛公以重要官职，及其孜孜图治的决心。鼎文对研究西周晚期的政治历史很有参考价值。毛公鼎现藏于台北故宫博物院。

三月

廿

戊戌日

星期日

《中岳嵩高灵庙碑》

共三十天 农历三月	初二	己卯月 四日清明
末候	始电	十二候

发行时间	2003 年 2 月 22 日
志号	2003–3
票名	中国古代书法——篆书
图名	（2–2）秦 · 泰山刻石
设计者	王虎鸣

《泰山刻石》是秦始皇东巡泰山时为歌颂他的丰功伟绩而刻的石碑，刻石字体为小篆，相传是由丞相李斯所书，是中国现存的最早刻石之一。刻石文字线条圆润流畅，疏密匀称，用笔沉着凝重，笔画厚实有劲，充分表现了小篆的形体特征。现藏于山东泰安岱庙。

三月

廿一

己亥日

星期一

《石门铭》

上巳节		
共三十天 农历三月	初三	己卯月 四日清明
末候	始电	十二候

发行时间　2013 年 1 月 5 日

志号　2013–1

票名　癸巳年

图名　癸巳年

设计者　吴冠英

公历二〇二五年·农历乙巳年

四月

发行时间	2004 年 12 月 5 日
志号	2004–28
票名	中国古代书法——隶书
图名	（4–1）东汉 · 乙瑛碑
设计者	王虎鸣

隶书产生于战国，盛行于汉代。隶书由篆书演变而来，奠定了楷书的基础，是汉字书写发展的重要阶段。《乙瑛碑》现存于山东孔庙。碑文所记为鲁相乙瑛奏请朝廷于孔庙置百石卒史执掌祭祀及礼器的往来公文。此碑书法用笔流畅，点画圆厚而有弹性，线条刚劲挺拔，充满骨力，结体匀称端庄，平实中寓穿插避让之趣，后人多称其为“汉隶之最”。

四月

庚子日

星期二

王羲之《集字圣教序》

共三十天 农历三月	初四	己卯月 四日清明
末候	始电	十二候

发行时间	2004 年 12 月 5 日
志号	2004-28
票名	中国古代书法——隶书
图名	（4-2）东汉·张迁碑
设计者	王虎鸣

《张迁碑》现存于山东泰安岱庙。碑文记述了张迁家族世系及其在瀔城长任内的德行惠政。此碑书法端正厚实，点画皆平直方折，结体紧凑收敛，堂皇端庄，茂密齐整，虽刻工粗糙，但有一种拙朴天真的意趣，是汉碑隶书中雄浑粗犷风格的代表。

四月

辛丑日

星期三

怀素《秋兴八首》

农历三月 共二十天	初五	己卯月 四日清明
末候	始电	十二候

发行时间	2004 年 12 月 5 日
志号	2004–28
票名	中国古代书法——隶书
图名	（4–3）东汉・曹全碑
设计者	王虎鸣

《曹全碑》现存于陕西西安碑林博物馆。碑文记述郃阳令曹全的家族世系及曹全在郃阳令任内的政绩。此碑书法点画秀丽流畅，富于柔韧之力，结体精谨飘逸，雍容大方，是汉代碑刻隶书中的精品。

四月

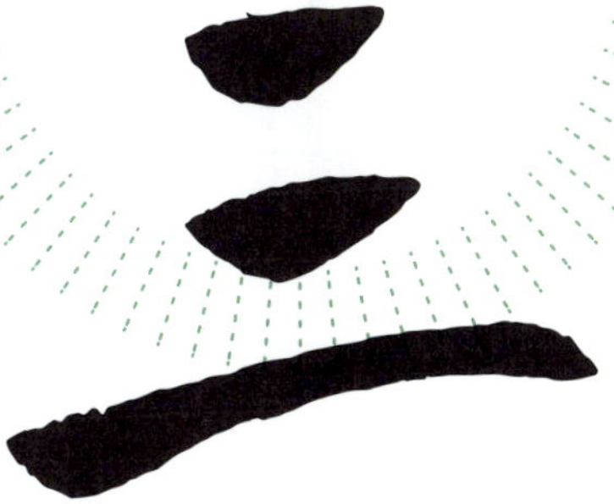

壬寅日

星期四

王献之《淳化阁帖》

寒食节		
共三十天 农历三月	初六	己卯月 明日清明
末候	始电	十二候

无花无酒过清明，兴味萧然似野僧。
昨日邻家乞新火，晓窗分与读书灯。
——北宋·王禹偁《清明》

发行时间	2015 年 2 月 4 日
志号	2015–4
票名	二十四节气（一）
图名	（6–5）清明
设计者	刘金贵、王虎鸣

清明时节，桃花初绽、杨柳泛青，一般在每年公历 4 月 4 日至 6 日之间。多雨是这一时节的特点，除了前后节气交接的几天有可能出现倒春寒，基本上不会再有寒流出现了。青团是清明时节的特色美食。青团，又叫艾团，碧青油绿，清香爽口，从色彩到口感都有着春天的气味。桐花是清明节气之花，是自然时序的物候标记。桐花恬淡静美，在清明应时而开，有着祭祀与思念的文化内涵。

清明，三月节。按《国语》曰：时有八风。历独指清明风为三月节，此风属巽故也。万物齐乎巽，物至此时皆以洁齐而清明矣。

——元 · 吴澄《月令七十二候集解》

人有“五畏”，心思才会清明。它们是：畏道，畏天，畏物，畏人，畏身。

——唐 · 孙思邈

四日

星期五

四月

清明

癸卯日

清明节		
共三十天 农历三月	初七	庚辰月 今日清明
初候	桐始华	十三候

发行时间	2004 年 12 月 5 日
志号	2004–28
票名	中国古代书法——隶书
图名	（4–4）东汉·石门颂
设计者	王虎鸣

《石门颂》属于摩崖石刻，原刻于陕西汉中东北褒斜道石门崖壁，后移入汉中市博物馆。颂文记述司隶校尉杨涣请求朝廷修复褒斜栈道之事。此石刻书法点画瘦劲圆浑，体势舒展开张，动静相生，点画穿插疏朗，风格飘逸洒脱。虽然书刻在凹凸不平的自然山崖上，但书写者对技巧的控制和镌刻者对笔意的体现都相当成功，被奉为汉代石刻隶书中的佳品。

四月

甲辰日

五

星期六

欧阳询《九成宫醴泉铭》

共三十天 农历三月	初八	庚辰月 廿日谷雨
初候	桐始华	十三候

发行时间	2007 年 11 月 5 日
志号	2007–30
票名	中国古代书法——楷书
图名	（6–1）宣示表
设计者	王虎鸣

楷书又称正书、真书，其形体方正，笔画有严格法度，唐代是楷书发展的巅峰阶段。《宣示表》藏于故宫博物院，是著名小楷法帖，原为三国时魏钟繇所书，真迹不传于世，只有刻本，始见于宋《淳化阁帖》。此帖点画遒劲而显朴茂，字体宽博而多扁方，充分表现了魏晋时代楷书走向成熟阶段的艺术特征。

四月

乙巳日

六

星期日

《西岳华山庙碑》

农历三月 共三十天	初九	庚辰月 廿日谷雨
初候	桐始华	十三候

发行时间 2007 年 11 月 5 日

志号 2007–30

票名 中国古代书法——楷书

图名 （6–2）张猛龙碑

设计者 王虎鸣

《张猛龙碑》现存于山东曲阜孔庙。碑主张猛龙多有政绩，人们立碑以颂其德。此碑书法结构精绝，变化无端；用笔沉着痛快，点画如斩金截玉，方圆兼备；通体浑穆高古，且饶神骏迭宕之势；是魏碑中最有代表性的碑刻之一。

四月

丙午日

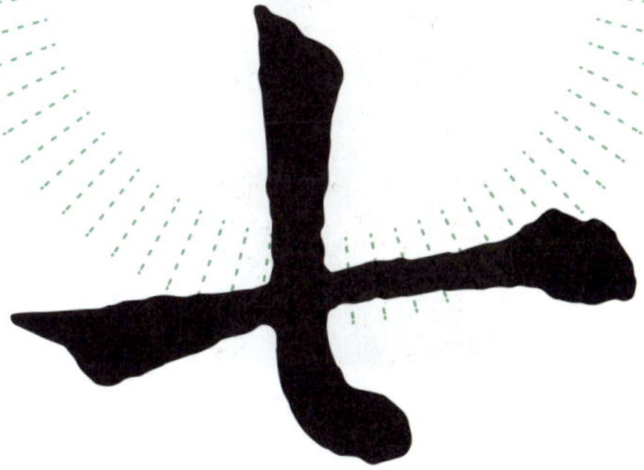

星期一

欧阳通《道因法师碑》

农历三月 共二十天	初十	庚辰月 廿日谷雨
初候	桐始华	十三候

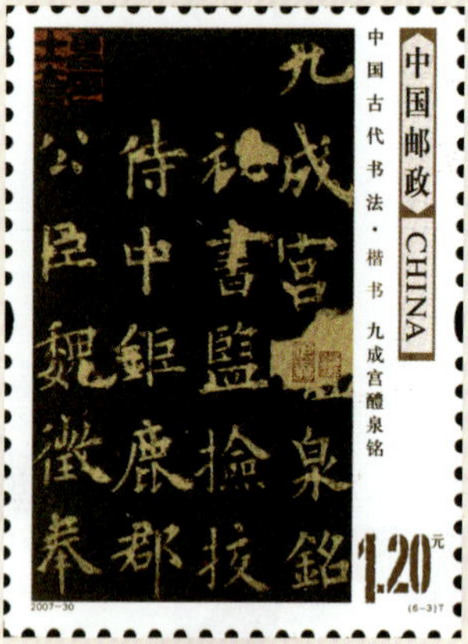

发行时间 2007 年 11 月 5 日

志号 2007–30

票名 中国古代书法——楷书

图名 （6–3）九成宫醴泉铭

设计者 王虎鸣

《九成宫醴泉铭》碑址在陕西麟游九成宫遗址。碑文所记为唐太宗李世民避暑于九成宫发现醴泉之事。此碑由魏徵撰文，欧阳询书丹。其用笔沉实稳健，峻利含蓄，结体精确端庄，雍容婉丽，风格典雅安详，虚和高穆，是欧体楷书风格的代表作。

四月

丁未日

星期二

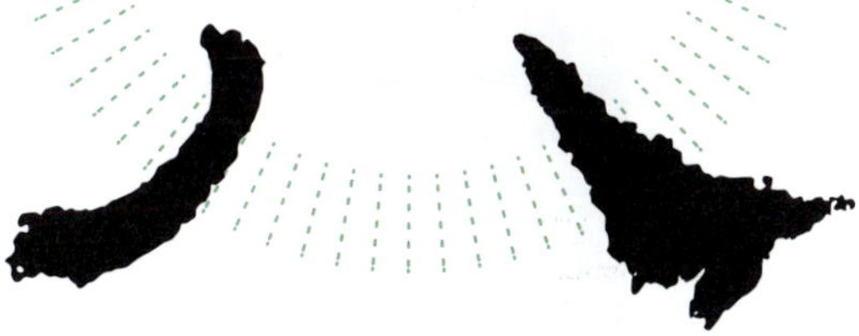

《乙瑛碑》

共二十天 农历三月	十一	庚辰月 廿日谷雨
初候	桐始华	十三候

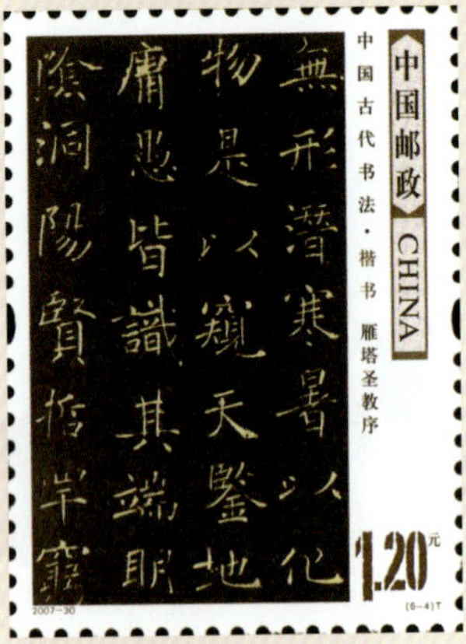

发行时间 2007 年 11 月 5 日

志号 2007–30

票名 中国古代书法——楷书

图名 （6–4）雁塔圣教序

设计者 王虎鸣

《雁塔圣教序》碑刻由两石组成，一石是唐太宗李世民为玄奘所译佛经而作的序；另一石是唐高宗李治对太宗作序一事所撰之颂文。两石分嵌于陕西西安大慈恩寺内大雁塔底层塔门左右墙壁，故称《雁塔圣教序》。二碑刻皆由褚遂良书丹，万文韶刻石。此碑书法点画起伏飘逸，用笔方圆兼备，骨力内含，体势舒展绰约，加上镌刻精细，是唐碑中书、刻俱佳的精品。

四月

戊申日

星期三

《孙秋生造像记》

共三十天 农历三月	十二	庚辰月 廿日谷雨
次候	田鼠化为鴽	十四候

发行时间	2007 年 11 月 5 日
志号	2007–30
票名	中国古代书法——楷书
图名	（6–5）颜勤礼碑
设计者	王虎鸣

《颜勤礼碑》现存于陕西西安碑林博物馆。碑文由颜真卿撰文并书丹，记述其曾祖颜勤礼家世、生平等情况。此碑书法点画动健爽洁，结体宽阔雄壮，为颜真卿晚年成熟风格的代表作之一，备受书法界推重，为学习颜体楷书的理想范本。

四月

十

己酉日

星期四

褚遂良《雁塔圣教序》

共三十天 农历三月	十三	庚辰月 廿日谷雨
次候	田鼠化为鴽	十四候

发行时间	2007 年 11 月 5 日
志号	2007-30
票名	中国古代书法——楷书
图名	（6-6）玄秘塔碑
设计者	王虎鸣

《玄秘塔碑》现存于陕西西安碑林博物馆。碑文记述唐代僧人端甫生平、德行及圆寂后获赐谥“大达”，灵骨塔赐名“玄秘”之事。裴休撰文，柳公权书丹。此碑书法点画精谨挺拔，细致准确；结体聚散有态，紧凑端严；风格遒媚，骨力劲健，历来被推为柳公权楷书的代表作；为学习楷书的常用入门范本。

四月

庚戌日

星期五

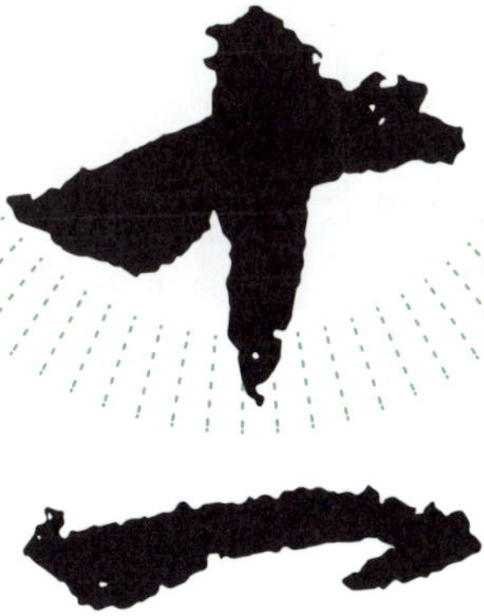

王羲之《集字圣教序》

农历三月 共三十天	十四	庚辰月 廿日谷雨
次候	田鼠化为鴽	十四候

发行时间 2010 年 5 月 15 日

志号 2010–11

票名 中国古代书法——行书

图名 （6–1）兰亭序（局部）

设计者 王虎鸣

行书是介于楷书和草书之间的一种书写简易、流畅的书体，比楷书流动、率意、潇洒，比草书易认好写，实用性和艺术性皆高。《兰亭序》又名《兰亭帖》，为东晋永和九年（353 年）三月三日，王羲之在与谢安等文人雅士于会稽山阴（今浙江绍兴）兰亭宴集时，乘兴当场撰写的一篇序文。此帖文、墨俱佳，笔锋随文意自然流转，是难得的书帖佳作，现存墨迹本多为唐代摹本。

四月

十二

辛亥日

星期六

虞世南《孔子庙堂碑》

国际载人航天日		
农历三月 共三十天	十五	庚辰月 廿日谷雨
次候	田鼠化为鴽	十四候

发行时间	2010年5月15日
志号	2010-11
票名	中国古代书法——行书
图名	（6-2）兰亭序（局部）
设计者	王虎鸣

《兰亭序》书法用笔遒劲爽利，结体潇洒秀美，自然蕴藉，圆融中和，风格飘逸灵动，姿媚中含骨力，其技巧风格体现了王羲之在艺术上推陈出新的创造性成就和贡献，被视为王羲之的代表作，后人将其奉为“天下第一行书”。

四月

十二

壬子日

星期日

王羲之《澄清堂帖》

共三十天 农历三月	十六	庚辰月 廿日谷雨
次候	田鼠化为鴽	十四候

发行时间 2010 年 5 月 15 日

志号 2010–11

票名 中国古代书法——行书

图名 （6–3）黄州寒食诗（局部）

设计者 王虎鸣

《黄州寒食诗》由北宋文学家苏轼撰诗并书，是苏轼在被贬黄州时所发的人生之叹。诗写得苍凉多情，表达了苏轼惆怅孤独的心情。书法应和心情和境况，章法老辣苍劲、流畅不拘，起伏跌宕、一气呵成，是苏轼行书的代表作。

四月

十四

癸丑日

星期一

欧阳询《九成宫醴泉铭》

农历三月 共三十天	十七	庚辰月 廿日谷雨
末候	虹始见	十五候

发行时间	2010 年 5 月 15 日
志号	2010–11
票名	中国古代书法——行书
图名	（6–4）黄州寒食诗（局部）
设计者	王虎鸣

《黄州寒食诗》是苏轼书法中的上乘之作，在书法史上影响很大，被誉为“天下第三行书”。正如黄庭坚在此诗后所跋：“此书兼颜鲁公、杨少师、李西台笔意，试使东坡复为之，未必及此。”

四月

甲寅日

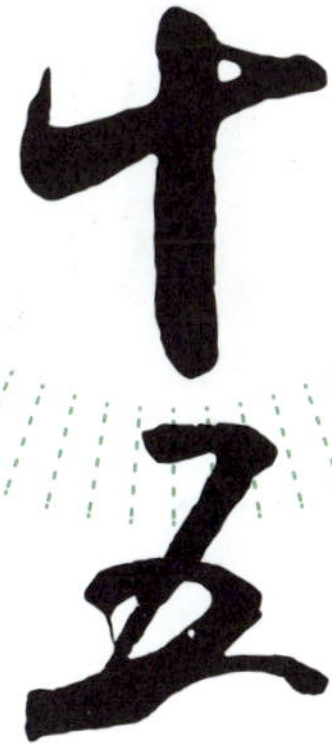

星期二

米芾《草书九帖》

农历三月 共三十天	十八	庚辰月 廿日谷雨
末候	虹始见	十五候

发行时间 2010 年 5 月 15 日

志号 2010–11

票名 中国古代书法——行书

图名 （6–5）祭侄文稿（局部）

设计者 王虎鸣

《祭侄文稿》是唐代书法家颜真卿为在“安史之乱”中殉难的侄子颜季明所写的祭文，现存为草稿。此帖情之所至，随意挥洒，用笔质朴流畅，结字平实洒脱，既与其凝重端庄的楷书形成鲜明的对比，又与其庙堂气质有着本质上的统一，保留着颜体独有的技巧特征。

四月

十六

乙卯日

星期三

褚遂良《孟法师碑》

农历三月 共三十天	十九	庚辰月 廿日谷雨
末候	虹始见	十五候

发行时间 2010 年 5 月 15 日

志号 2010–11

票名 中国古代书法——行书

图名 （6–6）祭侄文稿（局部）

设计者 王虎鸣

颜真卿书法在宋代以后影响极大，《祭侄文稿》则为其行草极品，与王羲之《兰亭序》相映成辉，在书法史上被推为“天下第二行书”。后人将此帖与颜真卿的《争座位帖》《祭伯父文稿》合称“鲁公三稿”。

四月

十七

丙辰日

星期四

《曹全碑》

农历三月 共三十天	廿	庚辰月 廿日谷雨
末候	虹始见	十五候

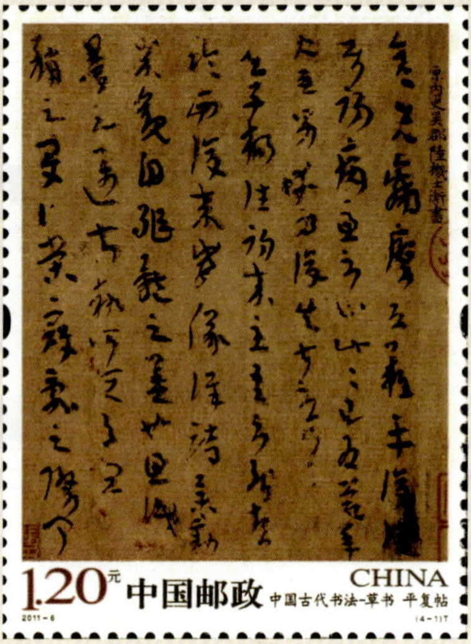

发行时间	2011 年 4 月 15 日
志号	2011–6
票名	中国古代书法——草书
图名	（4–1）平复帖
设计者	王虎鸣

草书，形成于汉代，从汉至唐，有章草、今草、狂草之分。《平复帖》为西晋陆机存世唯一书迹，帖文内容为问讯朋友之事，字体介于章草和今草之间，体现了草书演变的过渡特征。此帖书法运笔流畅娴熟，字形体势洒脱自然，沉朴苍浑，字形之间顾盼呼应，姿态多变，气韵贯通，古意盎然，历来备受称赞。此帖为现存中国古代书法名家真迹中历史最久远的一件，藏于故宫博物院。

四月

丁巳日

十八

星期五

褚遂良《雁塔圣教序》

国际古迹遗址日		
共三十天 农历三月	廿一	庚辰月 廿日谷雨
末候	虹始见	十五候

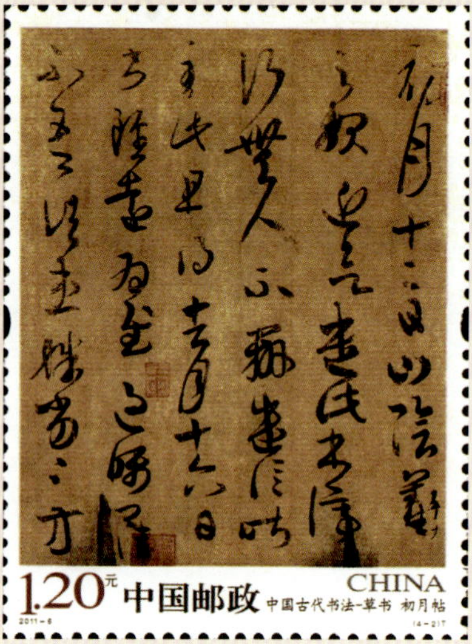

发行时间	2011 年 4 月 15 日
志号	2011–6
票名	中国古代书法——草书
图名	（4–2）初月帖
设计者	王虎鸣

《初月帖》是东晋王羲之草书作品，内容为一封书信，王羲之为避祖父名讳，改称“正月”为“初月”，故得名“初月帖”。现存墨迹为唐摹本，藏于辽宁省博物馆。此帖书法风格逸笔草草，自然天真，率意畅达，有晋人倜傥任诞的气息。

四月

十九

戊午日

星期六

《说文解字》

共三十天 农历三月	廿二	庚辰月 明日谷雨
末候	虹始见	十五候

春山谷雨前，并手摘芳烟。
绿嫩难盈笼，清和易晚天。
——唐·齐己《谢中上人寄茶》节选

发行时间	2015 年 2 月 4 日
志号	2015–4
票名	二十四节气（一）
图名	（6–6）谷雨
设计者	刘金贵、王虎鸣

谷雨，是“雨生百谷”的意思，是春季的最后一个节气，一般在每年公历 4 月 19 日至 21 日之间。谷雨期间，气温回升快、雨水增多，农业进入抢种抢栽时期。谷雨时节，正是食用香椿的好时候，“雨前香椿嫩如丝”，谷雨食椿，又名“吃春”。春日将逝，人们食用香椿纪念、留恋春天。谷雨也是养蚕时节，桑树长出翠绿的树叶，养蚕人家开始忙碌。

谷雨，三月中。自雨水后，土膏脉动，今又雨其谷于水也。
——元 · 吴澄《月令七十二候集解》

不期而遇，时也；无利而助，诚也。助而无怨，是为君子之德。
——南北朝 · 傅昭《处世悬镜》

廿日 星期日

己未日

四月

穀雨

农历三月 共三十天	廿三	今日谷雨 庚辰月
初候	萍始生	十六候

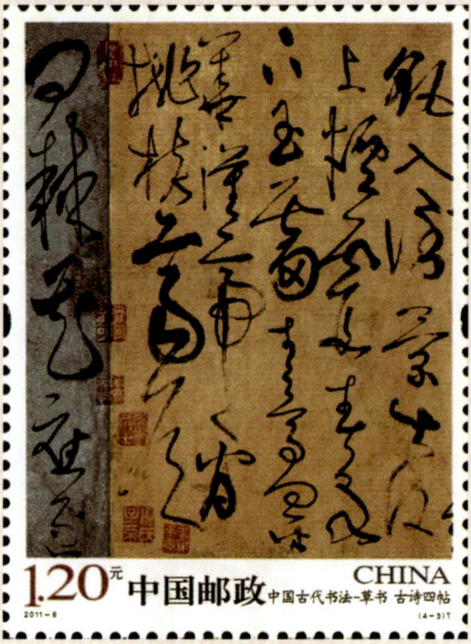

发行时间	2011 年 4 月 15 日
志号	2011–6
票名	中国古代书法——草书
图名	（4–3）古诗四帖
设计者	王虎鸣

《古诗四帖》，无落款，明代董其昌鉴定为唐代张旭书。该帖通篇笔画丰满，绝无纤弱浮滑之笔。行文跌宕起伏，动静交错，满纸如云烟缭绕。张旭性情狂逸旷达，每大醉，则呼号狂走，索笔挥洒，或以发濡墨而书，既醒，不可复得，如有神助。

四月

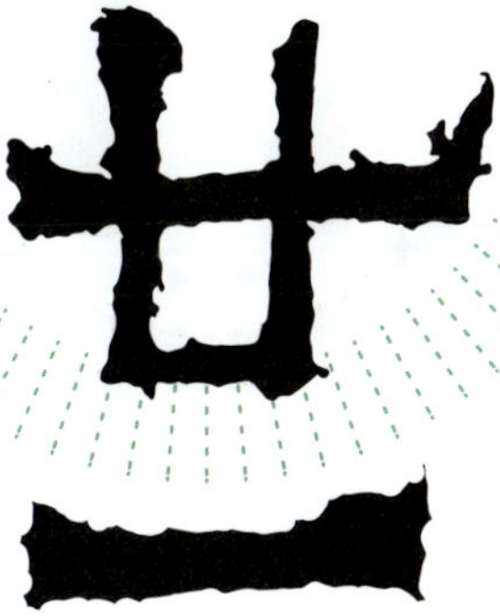

庚申日

星期一

《爨宝子碑》

共三十天 农历三月	廿四	庚辰月 五日立夏
初候	萍始生	十六候

发行时间 2005 年 4 月 22 日

志号 2005-6

票名 世界地球日

图名 世界地球日

为了应对日趋严重的环境污染和地球生态危机，1990 年 4 月 22 日，全世界 140 多个国家、 数亿人同时在各地举行地球日纪念活动，中国也是在这一年首次在全国开展地球日纪念活动。

四月

辛酉日

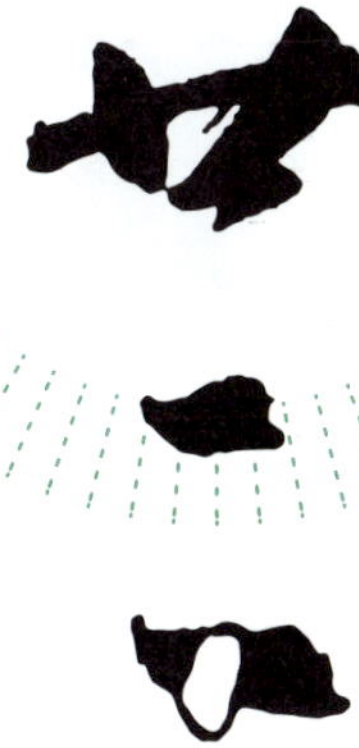

星期二

王羲之《大观帖》

世界地球日		
共三十天 农历三月	廿五	庚辰月 五日立夏
初候	萍始生	十六候

发行时间	2011 年 4 月 23 日
志号	2011–7
票名	世界读书日
图名	世界读书日
设计者	郝欧

4 月 23 日是世界文学史上一个重要的日子。两位世界级文学巨匠——西班牙作家塞万提斯、英国作家莎士比亚都是在 1616 年 4 月 23 日去世的。1995 年，联合国教科文组织大会将这一天设立为“世界书籍和版权日”，又名“世界读书日”，向全世界的作家和他们的作品表示敬意，鼓励每个人，尤其是年轻人，去发现阅读的快乐。

四月

廿三

壬
戊
日

星
期
三

《高贞碑》

<table>
<tr><td colspan="3">世界读书日</td></tr>
<tr><td>共三十天
农历三月</td><td>廿六</td><td>庚辰月
五日立夏</td></tr>
<tr><td>初候</td><td>萍始生</td><td>十六候</td></tr>
</table>

发行时间	2011 年 4 月 15 日
志号	2011–6
票名	中国古代书法——草书
图名	（4–4）自叙帖
设计者	王虎鸣

《自叙帖》是唐代书法家怀素的草书作品，内容为怀素自述学书渊源、经历并摘录当时名人赞扬其草书的序文诗句。此帖书法用笔迅捷果敢，随势入锋，笔势连绵飞舞，气势恢弘，字形飘逸错落，风格狂纵奔放，激情澎湃，变化丰富，有“天下第一草书”之美称。

四月

癸亥日

廿四

星期四

《乙瑛碑》

中国航天日		
共三十天 农历三月	廿七	庚辰月 五日立夏
初候	萍始生	十六候

中国剪纸

2009 年，中国剪纸入选联合国教科文组织《人类非物质文化遗产代表作名录》。

中国剪纸是用剪刀或刻刀在纸上剪刻花纹，用于装点生活或配合其他民俗活动的一种民间艺术。在中国，剪纸具有广泛的群众基础，它交融于各族人民的社会生活，是各种民俗活动的重要组成部分。其传承赓续的视觉形象和造型格式，蕴涵了丰富的文化历史信息，表达了广大民众的社会认识、道德观念、实践经验、生活理想和审美情趣，具有认知、教化、表意、抒情、娱乐、交往等多重社会价值。

发行时间　1959 年 1 月 1 日

志号　特 30

票名　剪纸

图名　（154）骆驼

设计者　孙传哲

原作品作者　张仃

全国各地民间的剪纸作品风格各有不同。此套邮票展示的是全国闻名的西北民间剪纸，其风格单纯、粗豪、简练、有力，常常以个体的形象出现，不衬图案背景。本枚邮票剪纸图案描摹的是一匹载着货物、昂首挺胸的骆驼，画面简洁，构图清晰。

四月

甲子日

星期五

王羲之《澄清堂帖》

共三十天 农历三月	廿八	庚辰月 五日立夏
次候	鸣鸠拂其羽	十七候

发行时间	1959 年 1 月 1 日
志号	特 30
票名	剪纸
图名	（155）石榴
设计者	孙传哲
原作品作者	张仃

邮票画面采用单纯的深绿色作为背景，凸显了西北民间剪纸简洁、粗豪的风格特征，剪纸图案中心为一个石榴，两个桃子对称分布在其两侧，造型简洁，用笔朴实，表达了百姓多子、长寿的朴素愿望。

四月

廿六

乙丑日

星期六

颜真卿《建中告身帖》

世界知识产权日		
共三十天 农历三月	廿九	庚辰月 五日立夏
次候	鸣鸠拂其羽	十七候

发行时间	1959 年 1 月 1 日
志号	特 30
票名	剪纸
图名	（156）公鸡
设计者	孙传哲
原作品作者	张仃

本套邮票图案中的剪纸最突出的特点便是采用锯齿纹的表现方法。锯齿纹是一种整齐而富于变化的装饰纹样，它在中国民间剪纸中被广泛使用，成为一种普遍的表现方法。此邮票画面背景为纯红色，中间图案是一只昂首挺立的大公鸡，其羽毛的边缘采用锯齿纹进行描摹，显得质朴、生动。

四月

廿七

丙寅日

星期日

郑道昭《郑文公下碑》

共三十天 农历三月	三十	庚辰月 五日立夏
次候	鸣鸠拂其羽	十七候

发行时间	1959 年 1 月 1 日
志号	特 30
票名	剪纸
图名	（157）戏剧人物
设计者	孙传哲
原作品作者	张仃

本套邮票图案均以单色平涂的深色块衬底，剪纸图案也采用单一颜色，而且没有设边框，四周也没有留白边，就像剪纸形象贴在单色纸上一样，富有较强的艺术感染力。此枚邮票剪纸图案取材于“三娘教子”的民间故事，人物背倚织布机，手拿书本，画面中不见孩子，突出了苦心教导孩子的母亲形象。

人间四月芳菲尽，山寺桃花始盛开。

——唐 · 白居易《大林寺桃花》

四月

丁卯日

星期一

王羲之《淳化阁帖》

槐序 农历四月 共二十九天	初一	庚辰月 五日立夏
次候	鸣鸠拂其羽	十七候

【四月牡丹】

晓艳远分金掌露，暮香深惹玉堂风。

（唐 · 韩琮《牡丹》）

发行时间 1987年8月20日

志号 J.141

票名 国际住房年

图名 国际住房年

设计者 陈幼林

邮票图案以红色房屋的剪纸作为主体，看上去十分醒目，突出了“住房年”的主题。同时又以红喜鹊的剪纸造型来表达人们渴望住进环境舒适的住房的愿望，也象征着吉祥如意。

四月

廿九

戊辰日

星期二

王献之《廿九日帖》

共二十九天 农历四月	初二	庚辰月 五日立夏
次候	鸣鸠拂其羽	十七候

发行时间	1993 年 1 月 5 日
志号	1993–1
票名	癸酉年
图名	（2–1）雄鸡报晓
设计者	蔡兰英

鸡是十二生肖中唯一的飞禽，神采奕奕的鸡在古代被视为祝告喜庆吉祥的象征，是文武兼备、勇敢仁义、可信赖的“五德之禽”。邮票画面以红色剪纸的形式表现了一只昂首振翅的报晓雄鸡，既体现了年节喜庆的氛围，又象征着祖国日益繁荣昌盛，令人振奋。

四月

廿

己巳日

星期三

《中岳嵩高灵庙碑》

农历四月 共二十九天	初三	庚辰月 五日立夏
末候	戴胜降于桑	十八候

发行时间	1989 年 9 月 1 日
志号	T.141
票名	当代美术作品选（一）
图名	（3–1）叶浅予《白蛇传》
设计者	叶浅予

公历二〇二五年·农历乙巳年

五

月

发行时间 1952 年 5 月 1 日

志号 纪 15

票名 国际劳动节

图名 （75）镰刀铁锤

（76）工农巨掌

（77）铁锤烟筒

设计者 孙传哲

国际劳动节是全世界无产阶级和劳动人民团结战斗的节日。1866 年，第一国际日内瓦代表大会提出八小时工作制的口号，经过各国工人坚持不懈的斗争，这一目标开始逐步实现。1889 年，在巴黎召开的第二国际成立代表大会决定，于 1890 年 5 月 1 日组织大规模的国际性游行示威，并把该日定为国际劳动节。1949 年 12 月 23 日，中央人民政府政务院通过全国统一节日时，将 5 月 1 日确定为劳动节。

五月

一

庚午日

星期四

王羲之《集字圣教序》

国际劳动节		
共二十九天 农历四月	初四	庚辰月 五日立夏
末候	戴胜降于桑	十八候

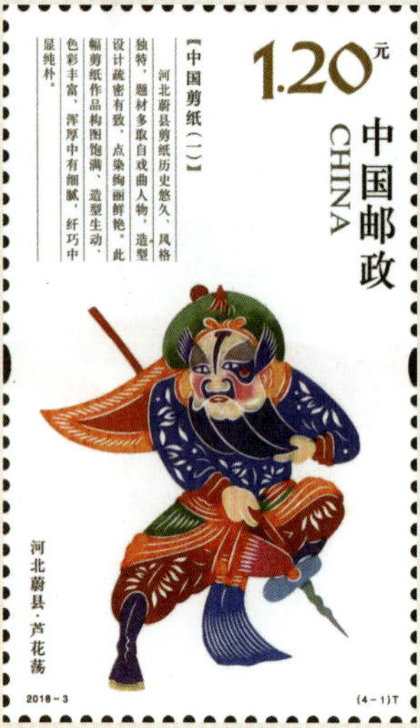
1.20元
中国邮政
CHINA
【中国剪纸（一）】
河北蔚县剪纸历史悠久，风格独特，题材多取自戏曲人物，造型设计疏密有致，点染绚丽鲜艳。此幅剪纸作品构图饱满，造型生动，色彩丰富，浑厚中有细腻，纤巧中显纯朴。
河北蔚县·芦花荡
2018-3
(4-1)T

发行时间	2018 年 1 月 24 日
志号	2018–3
票名	中国剪纸（一）
图名	（4–1）河北蔚县·芦花荡
设计者	王虎鸣
原作品作者	王老赏

河北蔚县剪纸历史悠久，风格独特，题材广泛，多取材于戏曲人物，造型设计疏密有致，点染绚丽鲜艳。邮票图案展现的是张飞剪纸人物形象，构图饱满、造型生动、色彩丰富，浑厚中有细腻，纤巧中显淳朴。

五月

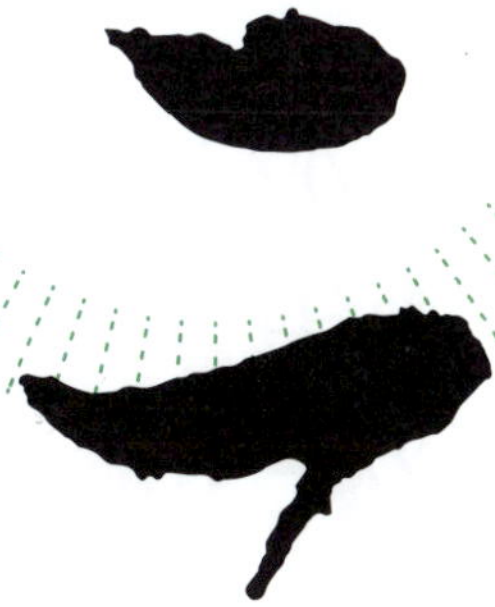

辛未日

星期五

怀素《秋兴八首》

农历四月 共二十九天	初五	庚辰月 五日立夏
末候	戴胜降于桑	十八候

1.20元
中国邮政
CHINA
【中国剪纸（一）】
内蒙古和林格尔剪纸多反映游牧生活，具有古拙浪漫、质朴奔放、热情率真的艺术风格。此幅剪纸作品造型古朴厚重，线条圆而不滑，风格老辣、遒劲，拙中见巧，呈现出典雅沉稳之气。
内蒙古和林格尔·牧羊图
2018-3
(4-2)T

发行时间	2018 年 1 月 24 日
志号	2018–3
票名	中国剪纸（一）
图名	（4–2）内蒙古和林格尔·牧羊图
设计者	王虎鸣
原作品作者	张花女

内蒙古和林格尔剪纸多反映游牧生活，具有古拙浪漫、质朴奔放、热情率真的艺术风格。邮票画面中的剪纸作品造型古朴厚重，线条圆而不滑，风格老辣、遒劲，拙中见巧，呈现出朴厚沉稳之气。

五月

三

壬申日

星期六

王献之《淳化阁帖》

农历四月 共二十九天	初六	庚辰月 五日立夏
末候	戴胜降于桑	十八候

发行时间	2019 年 5 月 4 日
志号	2019-8
票名	"五四"运动一百周年
图名	（2-1）传承"五四"精神
	（2-2）奋进新时代
设计者	夏竞秋

青年节是中国青年的节日，也是纪念五四运动的节日。在 1919 年 5 月 4 日爆发的五四运动中，青年起到主力军和先锋队的作用。1939 年，五四运动二十周年时，陕甘宁边区西北青年救国联合会将 5 月 4 日定为"中国青年节"。1949 年 12 月 23 日，中央人民政府政务院正式宣布将 5 月 4 日定为青年节。

五月

癸酉日

四

星期日

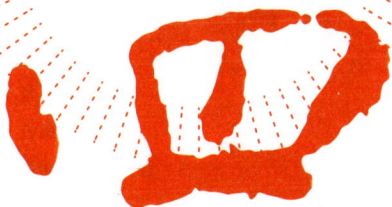

唐太宗《晋祠铭》

青年节		
农历四月 共二十九天	初七	庚辰月 明日立夏
末候	戴胜降于桑	十八候

一朝春夏改，隔夜鸟花迁。
阴阳深浅叶，晓夕重轻烟。

——唐·李世民《初夏》

发行时间	2016年5月5日
志号	2016–10
票名	二十四节气（二）
图名	（6–1）立夏
设计者	刘金贵、王虎鸣

立夏标志着夏天的开始，一般在每年公历5月5日至7日之间，标志着温度将明显升高，炎暑将临，雷雨增多，农作物蓬勃生长。立夏时节，各种新鲜食材上市，民间素有“尝三新”的习俗，按食材生长环境作不同区分，例如“地三新”（蚕豆、苋菜、黄瓜）、“树三新”（樱桃、枇杷、青梅）、“水三新”（鲥鱼、黄鱼、鲳鱼）等。立夏也是百花齐放的时节，牡丹于立夏艳冠群芳，倾国倾城。

立，建始也。夏，假也，物至此时皆假大也。

——元·吴澄《月令七十二候集解》

中国有礼仪之大，故称夏；有服章之美，谓之华。

——唐·孔颖达

五日

星期一

五月

立夏

甲戌日

农历四月 共二十九天	初八	今日立夏 辛巳月
初候	蝼蝈鸣	十九候

1.20元
中国邮政
CHINA
【中国剪纸（一）】
陕西旬邑的彩色剪纸是对单色剪纸的延伸，此幅剪纸作品保持了民间美术的鲜活灵动、无拘无束，形象稚拙而又鲜明，构图繁密完满而又单纯明快，色彩对比强烈而又协调适度。
陕西旬邑·江娃拉马梅香骑
2018-3
(4-3)T

发行时间	2018 年 1 月 24 日
志号	2018–3
票名	中国剪纸（一）
图名	（4–3）陕西旬邑 · 江娃拉马梅香骑
设计者	王虎鸣
原作品作者	库淑兰

陕西旬邑的彩色剪纸是对单色剪纸的延伸。邮票中的剪纸作品保持了民间美术的鲜活灵动、无拘无束，形象稚拙而又鲜明，构图繁密完满而又单纯明快，色彩对比强烈而又协调适度。

五月

乙亥日

六

星期二

《西岳华山庙碑》

农历四月 共二十九天	初九	辛巳月 廿一日小满
初候	蝼蝈鸣	十九候

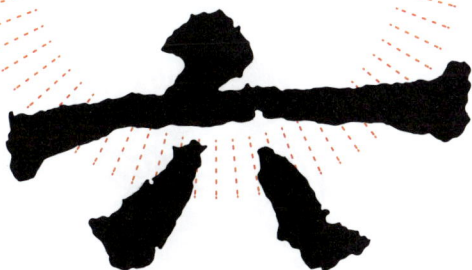

发行时间	2018 年 1 月 24 日
志号	2018–3
票名	中国剪纸（一）
图名	（4–4）山西新绛 · 小别母
设计者	王虎鸣
原作品作者	苏兰花

山西新绛剪纸艺术源远流长，内容丰富多彩，尤以人物见长，戏曲题材作品更为突出。邮票中的剪纸作品构图简洁饱满、精练极致，风格热烈奔放、质朴单纯、干净利落，粗犷中见典雅，简练而不简单。

五月

丙子日

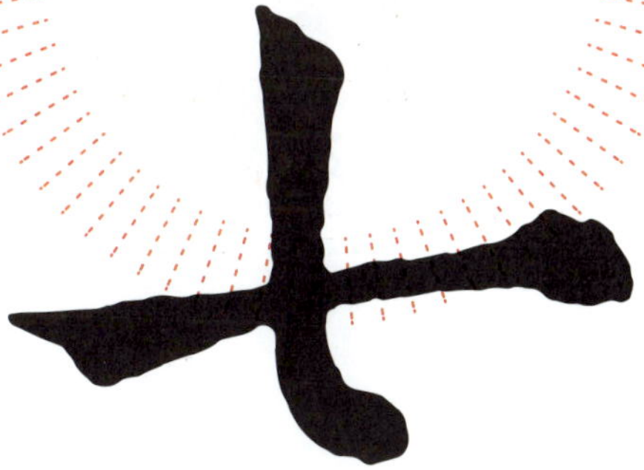

星期三

欧阳通《道因法师碑》

农历四月 共二十九天	初十	辛巳月 廿一日小满
初候	蝼蝈鸣	十九候

1.20元
中国邮政 CHINA
【中国剪纸（二）】
《三娘教子》出自『孟母教子』的故事，讲述了母亲通过断织等行为教育孩子努力上进，懂得感恩。
山东胶东·三娘教子
2020-3
(4-1)T

发行时间 2020 年 2 月 8 日

志号 2020–3

票名 中国剪纸（二）

图名 （4–1）山东胶东·三娘教子

设计者 王虎鸣

原作品作者 佚名

山东胶东剪纸风格简练、质朴，构图中多见对称元素。邮票中的剪纸作品《三娘教子》出自“胶东孟母教子”的故事，讲述了母亲通过断织等行为教育孩子努力上进，懂得感恩。

五月

丁丑日

八

星期四

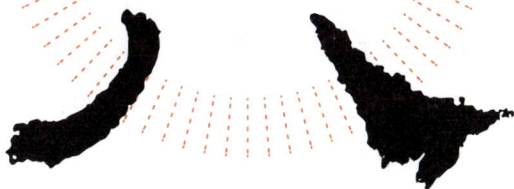

《乙瑛碑》

世界红十字日		
农历四月 共二十九天	十一	辛巳月 廿一日小满
初候	蝼蝈鸣	十九候

发行时间	2020 年 2 月 8 日
志号	2020–3
票名	中国剪纸（二）
图名	（4–2）陕西安塞 · 腰鼓贺春
设计者	王虎鸣
原作品作者	李秀芳

陕西安塞剪纸历史悠久，多以家族传承形式流传，其风格粗犷浑厚、质朴天真，具有浓郁的陕北民间气息。邮票中的剪纸画面表现了安塞人民打腰鼓、扭秧歌等贺新春活动。剪纸中的人物健壮有力、奔放自由，展示了黄土高原农民淳朴、豪放的性格。

五月

戊寅日

九

星期五

《孙秋生造像记》

农历四月 共二十九天	十二	辛巳月 廿一日小满
初候	蝼蝈鸣	十九候

发行时间　2020 年 2 月 8 日

志号　2020-3

票名　中国剪纸（二）

图名　（4-3）河北献县·王小赶脚

设计者　王虎鸣

原作品作者　蔡兰英

河北献县剪纸历史悠久，线条兼具柔婉、粗犷，手法运用大胆，充满浓郁的乡土气息。邮票中的剪纸画面内容取自民间戏曲《王小赶脚》，讲述了新媳妇二姑娘在回娘家路上与赶驴的王小之间发生的故事，表达了剧中人的内心世界和喜悦心情。

五月

己卯日

星期六

褚遂良《雁塔圣教序》

农历四月 共二十九天	十三	辛巳月 廿一日小满
次候	蚯蚓出	二十候

发行时间	2013 年 5 月 11 日
志号	2013–11
票名	感恩母亲
图名	感恩母亲
设计者	沈嘉宏、蒋蔚

现代的母亲节起源于 20 世纪初的美国。女教师安娜·贾维斯为纪念她的母亲和表达对母亲的感激之情，积极呼吁创立“母亲节”。第一个母亲节于 1908 年 5 月 10 日在西弗吉尼亚州和宾夕法尼亚州举行，确定了康乃馨为献给母亲的花。1913 年，美国参议院通过决议，正式将每年 5 月的第二个星期日定为母亲节。

五月

庚辰日

十一

星期日

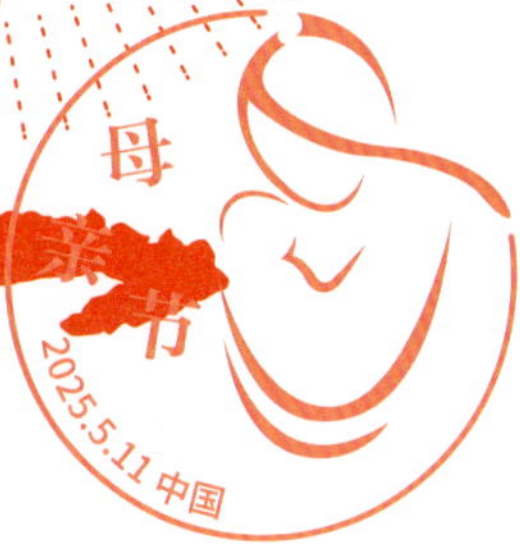

王羲之《集字圣教序》

母亲节		
农历四月 共二十九天	十四	辛巳月 廿一日小满
次候	蚯蚓出	二十候

发行时间	2020 年 2 月 8 日
志号	2020–3
票名	中国剪纸（二）
图名	（4–4）吉林通化 · 吉祥采参路
设计者	王虎鸣
原作品作者	倪友芝

吉林通化剪纸风格粗犷，同时具有浓郁的地域特色。邮票中的剪纸画面生动地表现了长白山地区的采参习俗，体现了蕴含在采参活动中具有地域特色的历史与文化价值。

五月

十二

辛巳日

星期一

虞世南《孔子庙堂碑》

国际护士节　全国防灾减灾日		
农历四月 共二十九天	十五	辛巳月 廿一日小满
次候	蚯蚓出	二十候

中国传统木结构建筑营造技艺

2009 年，中国传统木结构建筑营造技艺入选联合国教科文组织《人类非物质文化遗产代表作名录》。

中国传统木结构建筑营造技艺是以木材为主要建筑材料，以榫卯为木构件的主要结合方法，以模数制为尺度设计和加工生产手段的建筑营造技术体系。营造技艺以师徒之间言传身教的方式世代相传。这种营造技艺体系遍及中国全境，并传播到日本、韩国等东亚各国，是东方古代建筑技术的代表。

发行时间	2019 年 8 月 24 日
志号	2019–19
票名	鲁班
图名	（2–1）孜孜学艺
设计者	孟繁聪

鲁班，姓公输名般，或称公输班、公输子等，春秋时期鲁国人。作为中国古代建筑工程家和木匠鼻祖，鲁班被建筑工匠尊为祖师，民间亦称百工师祖。邮票画面描绘了鲁班年轻时访得名师后在山洞专心研习的场景。

五月

十三

壬午日

星期二

王羲之《澄清堂帖》

农历四月 共二十九天	十六	廿一日小满 辛巳月
次候	蚯蚓出	二十候

发行时间 2019 年 8 月 24 日

志号 2019–19

票名 鲁班

图名 （2–2）砥志研思

设计者 孟繁聪

鲁班的发明事迹散见于先秦诸子的论述中，《墨子》记载其“为楚造云梯之械”。唐代以后，鲁班的事迹不断丰富，其发明锯子、曲尺、墨斗的典故人们都耳熟能详，体现了人们对以鲁班为代表的中国古代工匠的歌颂。邮票画面描绘了鲁班凿刻大石、发明石磨的场景。

五月

十四

癸未日

星期三

欧阳询《九成宫醴泉铭》

农历四月 共二十九天	十七	廿一日小满 辛巳月
次候	蚯蚓出	二十候

发行时间	2019 年 8 月 24 日
志号	2019–19M
票名	鲁班（小型张）
图名	鲁班像
设计者	孟繁聪

小型张画面为鲁班像，图中鲁班手持墨斗，神情坚毅，目光炯炯，这是千万工匠不断钻研、追求极致的真实写照，也是“工匠精神”的生动体现。

五月

十五

甲申日

星期四

米芾《草书九帖》

农历四月 共二十九天	十八	辛巳月 廿一日小满
末候	王瓜生	二十一候

发行时间	1987 年 10 月 30 日
志号	T.121
票名	中国历代名楼
图名	（4–1）黄鹤楼
设计者	周令钊

古代名楼是中国传统木结构建筑营造技艺的集中体现。黄鹤楼位于湖北省武汉市武昌区，地处蛇山之巅，濒临万里长江，始建于三国吴黄武二年（223 年），历代屡加重修，因唐代诗人崔颢登楼所题《黄鹤楼》一诗而名扬四海。现存建筑重建于 1985 年，以清代“同治楼”为原型设计，为仿木结构。邮票画面描绘了黄鹤楼的瑰丽英姿。

五月

十六

乙酉日

星期五

褚遂良《孟法师碑》

农历四月 共二十九天	十九	辛巳月 廿一日小满
末候	王瓜生	二十一候

发行时间 1987 年 10 月 30 日

志号 T.121

票名 中国历代名楼

图名 （4–2）岳阳楼

设计者 周令钊

岳阳楼位于湖南省岳阳市，始建于三国时期，唐宋以来重修达 30 余次，因北宋范仲淹作《岳阳楼记》而名扬天下。此楼造型庄重，为三檐三层盔顶纯木结构。全楼榫卯交接，未用一钉，工艺精巧，结构严整，充分显示出中国古代建筑的民族风格。邮票画面描绘了岳阳楼的壮美姿态。

五月

十七

丙戌日

星期六

《曹全碑》

世界电信和信息社会日		
农历四月 共二十九天	廿	辛巳月 廿一日小满
末候	王瓜生	二十一候

发行时间　1987 年 10 月 30 日

志号　T.121

票名　中国历代名楼

图名　（4–3）滕王阁

设计者　周令钊

滕王阁位于江西省南昌市，始建于唐永徽年间，历史上曾多次重建，因初唐诗人王勃所作《滕王阁序》而闻名于世。现存建筑为 1985 年重建景观，与湖南岳阳楼、湖北黄鹤楼并称为“江南三大名楼”，是中国古代四大名楼之一。邮票画面描绘了滕王阁的胜景。

五月

十六

丁亥日

星期日

褚遂良《雁塔圣教序》

国际博物馆日 全国助残日		
农历四月 共二十九天	廿一	辛巳月 廿一日小满
末候	王瓜生	二十一候

发行时间	1987 年 10 月 30 日
志号	T.121
票名	中国历代名楼
图名	（4–4）蓬莱阁
设计者	周令钊

蓬莱阁位于山东省烟台市蓬莱区丹崖山顶，北临大海，南与古登州府城毗邻，有时可见海市蜃楼景象，素有“人间仙境”之称。始建于北宋嘉祐年间，明万历年间扩建，清嘉庆年间重修。该阁坐北朝南，木结构，两重檐。蓬莱、方丈、瀛洲同为中国古代传说中的海上三仙山，相传神话“八仙过海”的故事就发生于此，秦始皇、汉武帝都曾来此求仙觅药。邮票画面描绘了蓬莱阁的奇景。

五月

十九

戊子日

星期一

《说文解字》

中国旅游日		
农历四月 共二十九天	廿二	辛巳月 廿一日小满
末候	王瓜生	二十一候

发行时间 1996 年 7 月 9 日

志号 1996–15

票名 经略台真武阁

图名 （2–1）经略台

设计者 何军

经略台真武阁位于广西容县，相传为诗人元结任容管经略使时所建，供观赏风景、操练甲兵等用，其名取“天子经营天下，略有四海”之意，后被废弃。明洪武年间在经略台遗址上建道观武当宫，万历年间创建真武阁和若干附属建筑。邮票画面是整个经略台的俯视效果图。

五月

己丑日

星期二

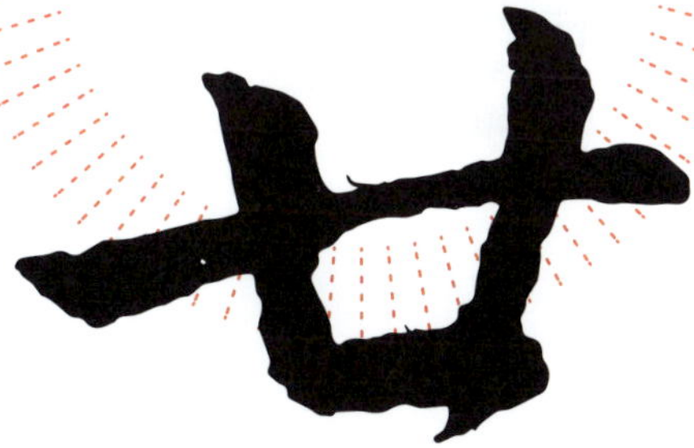

王羲之《澄清堂帖》

共二十九天 农历四月	廿三	辛巳月 明日小满
末候	王瓜生	二十一候

夜莺啼绿柳，皓月醒长空。
最爱垄头麦，迎风笑落红。

——北宋·欧阳修《五绝·小满》

发行时间	2016 年 5 月 5 日
志号	2016–10
票名	二十四节气（二）
图名	（6–2）小满
设计者	刘金贵、王虎鸣

小满是收获的前奏，也标志着炎热夏季的正式开始，一般在每年公历 5 月 20 日至 22 日之间。这个时期我国北方地区麦类等夏熟作物籽粒已较为饱满，但还没有成熟，故称“小满”。小满前后，苦菜生长繁茂，很多地方有吃苦菜的习俗。古时候，在小满时节上一年的粮食已吃完，新麦还未成熟，吃苦菜是一种过渡，正如俗语所说：“苦苦菜，带苦尝，虽逆口，胜空肠。”苦菜苦中带涩，清凉嫩香，是现代受欢迎的健康食物。

小满，四月中。小满者，物至于此小得盈满。

——元 · 吴澄《月令七十二候集解》

爱出者爱反，福往者福来。

——西汉 · 贾谊《新书》

廿一日 星期三

五月

小满

庚寅日

农历四月 共二十九天	廿四	今日小满 辛巳月
初候	苦菜秀	二十二候

发行时间	2021 年 10 月 11 日
志号	2021–23
票名	《生物多样性公约》第十五次缔约方大会
图名	《生物多样性公约》第十五次缔约方大会
设计者	夏竞秋

生物多样性是地球上的生命经过几十亿年发展进化的结果，是人类赖以生存和发展的物质基础。《生物多样性公约》于 1992 年在联合国环境与发展大会上签署，已成为联合国环境与发展进程中最具影响力的国际环境公约之一，为推进全球生物多样性保护、可持续利用和惠益分享发挥了重要作用。联合国大会于 2000 年决议，将每年 5 月 22 日定为国际生物多样性日。

五月

辛卯日

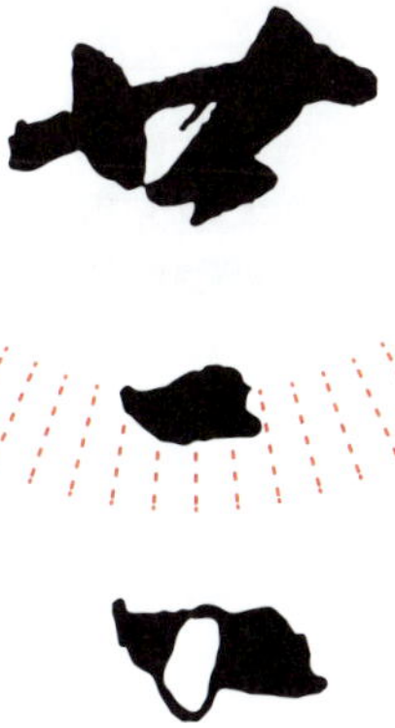

星期四

王羲之《大观帖》

国际生物多样性日		
农历四月 共二十九天	廿五	辛巳月 五日芒种
初候	苦菜秀	二十二候

发行时间	1996 年 7 月 9 日
志号	1996–15
票名	经略台真武阁
图名	（2–2）真武阁
设计者	何军

邮票画面为真武阁侧面透视图，展现了该阁奇特精巧的布局风格。真武阁用近 3000 条大小不一的铁力木构件，以杠杆结构原理巧妙串联吻合，相互制约，彼此扶持，不用一颗铁钉，协调而牢固地组成一个统一整体。400 多年来，真武阁虽经受多次风暴袭击和地震摇撼却始终巍然屹立，显示出我国古代工匠的超人智慧。

五月

廿三

壬辰日

星期五

《高贞碑》

农历四月 共二十九天	廿六	辛巳月 五日芒种
初候	苦菜秀	二十二候

发行时间　1998 年 1 月 18 日

志号　1998–2

票名　岭南庭园

图名　（4–1）可园

设计者　郭承辉、阎炳武、潘可明

岭南庭园融江南园林的精巧雅致和北方园林的开阔恢弘于一身，在亭台楼阁间展现着中国传统木结构建筑营造技艺的精妙。可园坐落在广东省东莞市西博夏村，始建于清道光三十年（1850 年），是广东园林珍品。园内有邀山阁高耸挺立，其碉楼式立面造型特色鲜明，歇山顶飞檐展翅，前有双清室烘托，侧有曲廊和平台陪衬，挺而不孤，与园林的轻松气氛十分协调。

五月

廿四

癸巳日

星期六

《乙瑛碑》

共二十九天 农历四月	廿七	辛巳月 五日芒种
初候	苦菜秀	二十二候

发行时间	1998 年 1 月 18 日
志号	1998–2
票名	岭南庭园
图名	（4–2）梁园
设计者	郭承辉、阎炳武、潘可明

梁园坐落在广东省佛山市禅城区先锋古道，其规模宏大，布局精妙。群星草堂是梁园保存较完整的一个群体，它小巧玲珑、轻盈通透，极富岭南风韵。造园者精心挑选奇峰异石，用写意的手法，精心布局，加以园路的穿插变化，营造出山岩丘峦、拟人拟物的多种意境，与外围的回廊组合成一种特有的园林景观。

五月

甲午日

星期日

王羲之《澄清堂帖》

共二十九天 农历四月	廿八	辛巳月 五日芒种
初候	苦菜秀	二十二候

发行时间	1998 年 1 月 18 日
志号	1998–2
票名	岭南庭园
图名	（4–3）清晖园
设计者	郭承辉、阎炳武、潘可明

清晖园坐落于广东省佛山市顺德区大良华盖里，该园既有江南园林的布局格调，又兼具岭南亚热带庭园特色。园子南部为水池，澄漪亭、碧溪草堂等分布四周，开敞而明朗，中部则模仿珠江上“紫洞艇”的船厅。全园共有亭、台、楼、池、榭等 10 多座，以走廊、曲桥、池塘、假山相连或相隔，构成了山水相间、幽深清空的超脱布局。

五月

廿六

乙未日

星期一

颜真卿《建中告身帖》

农历四月 共二十九天	廿九	辛巳月 五日芒种
次候	靡草死	二十三候

发行时间	1998 年 1 月 18 日
志号	1998–2
票名	岭南庭园
图名	（4–4）余荫山房
设计者	郭承辉、阎炳武、潘可明

余荫山房又名余荫园，坐落于广东省番禺区南村镇。它运用藏而不露、缩龙成寸的建筑手法，采用散点式自由布局，以游廊式拱桥将全园分为东西两区。西区有深柳堂、临池别馆遥相呼应，中间隔以荷池；东区以玲珑水榭为中心，池水绕亭与外界沟通。园内随处可见精巧细致的木雕饰品，各建筑间均以风雨廊连接，正是“余地三弓红雨足，荫天一角绿云深”，园中有园，景中有景。

五月榴花妖艳烘，绿杨带雨垂垂重。

——北宋·欧阳修《渔家傲》

五月

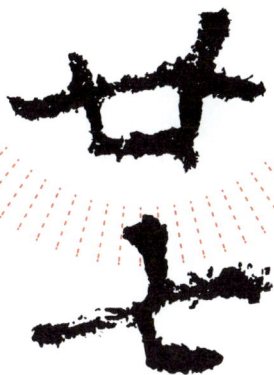

廿七

丙申日

星期二

郑道昭《郑文公下碑》

鸣蜩　农历五月　共二十九天	初一	辛巳月　五日芒种
次候	靡草死	二十三候

【五月石榴】

露色珠帘映，香风粉壁遮。

（唐·孙逖《同和咏楼前海石榴二首》）

发行时间　1980 年 10 月 25 日

志号　T.56

票名　苏州园林——留园

图名　（4–1）春到曲溪楼

（4–2）远翠阁之夏

（4–3）涵碧山房秋色

（4–4）冠云峰晴雪

设计者　孙传哲

中国享有“世界园林之母”的盛誉，苏州园林则堪称中国“园林的标本”，中国传统木结构建筑营造技艺于亭台轩榭间荟萃，与山水草木相映成趣。留园以园内建筑布置精巧、奇石众多而知名。中部以水为胜，池居中央，四周环以假山和亭台楼阁，长廊旋曲其中。东部以建筑为主，楼阁廊屋华丽精美。邮票画面展现了留园在春、夏、秋、冬四时的景观。

五月

丁酉日

星期三

王羲之《淳化阁帖》

农历五月 共二十九天	初二	辛巳月 五日芒种
次候	靡草死	二十三候

发行时间 1984年6月30日

志号 T.96

票名 苏州园林——拙政园

图名 （4–1）宜两亭前望倒影楼

（4–2）枇杷园景物

（4–3）小沧浪水院

（4–4）远香堂与倚玉轩

设计者 孙传哲

苏州园林善于将自然风光与建筑巧妙地糅合在一起，别具一格。拙政园内景物环水面布置，主次分明，有聚有散，通过山势、建筑、花木互相掩映，形成湖、池、河、涧等不同景区，自然情趣浓郁。邮票图案展现的是拙政园的几处著名景致，画面上的亭台楼阁、假山小岛、小桥回廊、花草树木以水相接，错落有致，疏密得当。

五月

廿九

戊戌日

星期四

王献之《廿九日帖》

农历五月 共二十九天	初三	辛巳月 五日芒种
次候	靡草死	二十三候

发行时间　2003 年 6 月 29 日

志号　2003–11

票名　苏州园林——网师园

图名　（4–1）殿春簃

（4–2）月到风来亭

（4–3）竹外一枝轩

（4–4）万卷堂

设计者　劳思

苏州园林十分讲究亭台轩榭的布局，让观赏之人无论从哪个角度欣赏，眼前总是一幅完美的图画。网师园素有“小园极则”之誉，以小巧玲珑、清秀典雅、幽深曲折见长，是江南中小园林以少胜多的代表作品。邮票画面中的亭台楼榭、佳木清池、匾额楹联等无不精致典雅，赏心悦目。

五月

己亥日

廿

星期五

《中岳嵩高灵庙碑》

农历五月 共二十九天	初四	辛巳月 五日芒种
次候	靡草死	二十三候

端午节

2009 年，端午节入选联合国教科文组织《人类非物质文化遗产代表作名录》。

端午节是中国的传统节日，节期在农历五月初五。迄今已有 2500 余年历史。由驱毒辟邪的节令习俗衍生出各地丰富多彩的祭祀、游艺、保健等民间活动，主要有祭祀屈原、纪念伍子胥、插艾蒿、挂菖蒲、喝雄黄酒、吃粽子、龙舟竞渡、除五毒等。各种活动因地域差别而略有不同，尤以湖北省秭归县、黄石市更具典型性。端午节是蕴含独特民族精神和丰富文化内涵的传统节日，对中国民俗生活产生重大影响。

发行时间	2001 年 6 月 25 日
志号	2001–10
票名	端午节
图名	（3–1）赛龙舟
	（3–2）包粽子
	（3–3）避五毒
设计者	尚予、黄里

农历五月初五为端午节，又称端阳节、粽子节、重五节。传统的端午风俗有吃粽子、悬挂艾蒿、饮雄黄酒等活动。传说爱国诗人屈原在五月五日投汨罗江而死，人们为了纪念他，形成了赛龙舟的习俗。

五月

卅一

庚子日

星期六

《石门铭》

端午节　世界无烟日		
农历五月 共二十九天	初五	辛巳月 五日芒种
末候	麦秋至	二十四候

发行时间	2001年12月5日
志号	2001–26
票名	民间传说——许仙与白娘子
图名	（4–1）游湖借伞
设计者	戴敦邦

六月

发行时间　2021 年 6 月 1 日

志号　2021-10

票名　儿童画作品选

图名　（3-1）我的中国梦

（3-2）国粹之韵

（3-3）希望与梦想

设计者　一图杨晓芒、二图费玉婷、三图钱昕逸

1925 年，国际儿童幸福促进会提出倡议——设立儿童纪念日。1949 年 11 月，为了悼念在第二次世界大战中死难的儿童，保障全世界儿童的生存权、保健权和受教育权，国际民主妇女联合会将每年的 6 月 1 日正式定为国际儿童节。1949 年 12 月 23 日，中央人民政府政务院作出决定，规定 6 月 1 日为中国的儿童节。

六月

一

辛丑日

星期日

王羲之《集字圣教序》

国际儿童节		
农历五月 共二十九天	初六	辛巳月 五日芒种
末候	麦秋至	二十四候

发行时间	2007 年 4 月 8 日
志号	2007–7
票名	扬州园林
图名	（3–1）何园
	（3–2）个园
	（3–3）徐园
设计者	吴越晨

扬州素以园林闻名，它既汲取了北方皇家园林之雄奇，又保留了江南园林之灵秀，形成自身的独特风格。邮票选取何园、个园和徐园三个典型的扬州园林，画面分别以水心亭、抱山楼、听鹂馆等建筑为主体，园内堆山叠石，流水环绕，植被茂密，亭、台、廊、阁的布置错落有致，展现出独特的东方美。

六月

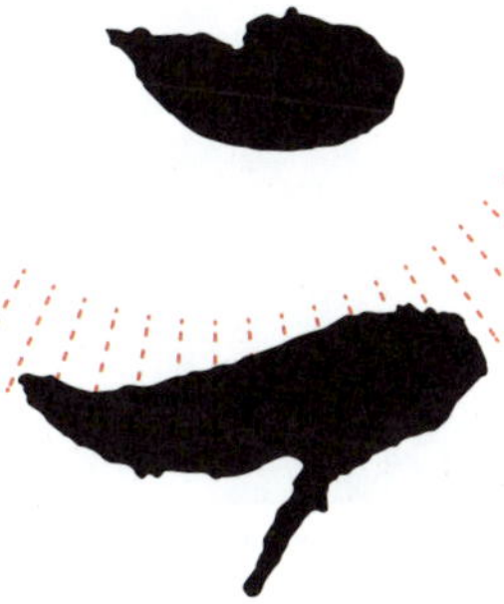

壬寅日

星期一

怀素《秋兴八首》

农历五月 共二十九天	初七	辛巳月 五日芒种
末候	麦秋至	二十四候

发行时间	2004 年 11 月 6 日
志号	2004–27
票名	中国名亭（一）
图名	（4–1）爱晚亭
设计者	茹峰

亭是中国传统建筑中的一种，以木质结构居多，通常供人停留、观览，或用于典仪。邮票画面中心为爱晚亭，位于湖南长沙岳麓山中，亭分两层，重檐八柱，四翼角边飞翘，凌空欲飞。亭前溪流盘绕，四周林木茂密，配合通幅红色的色调，营造出唐代诗人杜牧“停车坐爱枫林晚，霜叶红于二月花”诗句中的意境。

六月

三

癸卯日

星期二

王献之《淳化阁帖》

农历五月 共二十九天	初八	五日芒种 辛巳月
末候	麦秋至	二十四候

发行时间　2004 年 11 月 6 日

志号　2004–27

票名　中国名亭（一）

图名　（4–2）琵琶亭

设计者　茹峰

琵琶亭位于江西省九江市，始建于唐代，传说为白居易在浔阳江头送客之处，后因年代久远，多次修缮、易址。邮票画面中心即为琵琶亭，亭六角双层，重檐翘角，碧瓦红柱，周围以白石栏杆为护，端庄稳重。亭前的树木与远处的青山遥遥相望，背后是烟波浩渺的琵琶湖，展现出唐代文学家元稹在“云沉星没事已往，月白风清江自流”一句中描绘的诗境。

六月

甲辰日

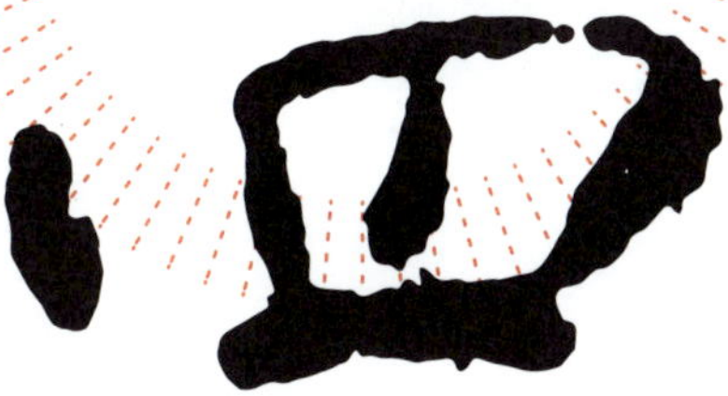

星期三

唐太宗《晋祠铭》

农历五月 共二十九天	初九	辛巳月 明日芒种
末候	麦秋至	二十四候

时雨及芒种，四野皆插秧。
家家麦饭美，处处菱歌长。
——南宋·陆游《时雨》节选

发行时间	2016年5月5日
志号	2016–10
票名	二十四节气（二）
图名	（6–3）芒种
设计者	刘金贵、王虎鸣

“芒种”二字，谐音“忙种”，一般在每年公历6月5日至7日之间。这个时期，大麦、小麦等有芒农作物趋于成熟，抢收急迫，晚谷、稷等夏播作物也正是播种的季节。

五月节，谓有芒之种谷可稼种矣。

——元·吴澄《月令七十二候集解》

泽草所生，种之芒种。

——《周礼》

积金以遗子孙，子孙未必能守；积书以遗子孙，子孙未必能读；不如积阴德于冥冥之中，以为子孙长久之计。

——北宋·司马光《司马光家训》

五日

星期四

六月

芒種

乙巳日

世界环境日		
农历五月 共二十九天	初十	今日芒种 壬午月
初候	螳螂生	二十五候

发行时间 2004 年 11 月 6 日

志号 2004–27

票名 中国名亭（一）

图名 （4–3）兰亭

设计者 茹峰

兰亭位于浙江绍兴会稽山下，因东晋永和九年（353 年）王羲之与谢安等文人名士在此进行集会而闻名，后几经易址、扩建。邮票画面表现的是标志性的兰亭碑亭，四方顶式建筑，石柱木构架，檐角飞翘，亭内碑上书有“兰亭”二字。画面上亭身立于流云之中，远处青山与近前的绿树、竹林相互呼应，还原了王羲之笔下“茂林修竹”的自然景象。

六月

丙午日

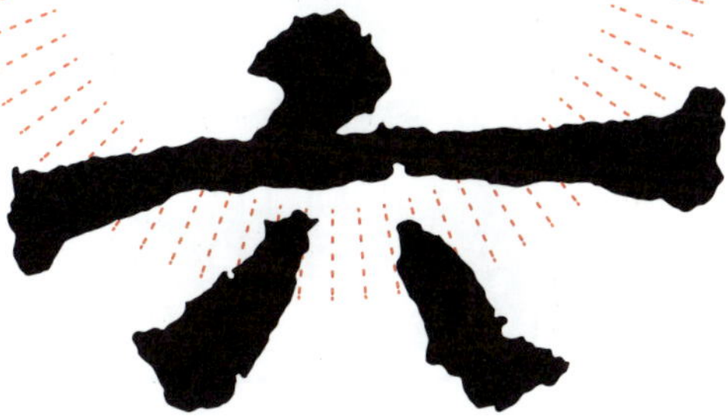

星期五

《西岳华山庙碑》

全国爱眼日		
农历五月 共二十九天	十一	壬午月 廿一日夏至
初候	螳螂生	二十五候

发行时间	2004 年 11 月 6 日
志号	2004–27
票名	中国名亭（一）
图名	（4–4）醉翁亭
设计者	茹峰

醉翁亭位于安徽滁州琅琊山麓，始建于北宋，由唐宋八大家之一欧阳修用自己的别号“醉翁”命名。从邮票画面可见，醉翁亭采用中国传统的歇山顶，亭角翘起如鸟翼，南北门框设有格花，沿亭四周有木栏围护，可供休憩、观览山景。画面采用重重青山和密密绿树作为背景，生动地表现出醉翁亭“环滁皆山”的地理环境。

六月

丁未日

十

星期六

欧阳通《道因法师碑》

共二十九天 农历五月	十二	壬午月 廿一日夏至
初候	螳螂生	二十五候

发行时间	2022 年 10 月 3 日
志号	2022–22
票名	中国名亭（二）
图名	（4–1）知春亭
设计者	焦洋

知春亭位于北京颐和园昆明湖东岸的小岛上，始建于清乾隆年间，据传“知春”二字源于宋代文学家苏轼诗句“春江水暖鸭先知”。该亭是一座重檐攒尖四方亭，有桥堤与岸相连。亭畔叠岸缀石，植桃种柳，冬去春来之际，此处冰融绿泛，春讯先知。邮票画面中知春亭四周湖面波光粼粼、杨柳依依，展现出一派明媚春景。

六月

戊申日

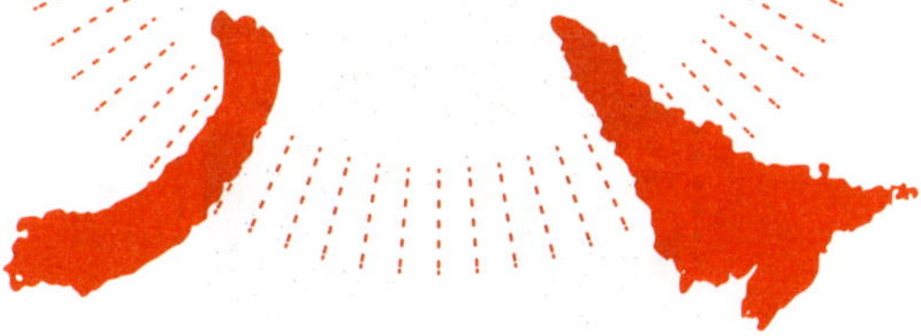

星期日

《乙瑛碑》

共二十九天 农历五月	十三	壬午月 廿一日夏至
初候	螳螂生	二十五候

发行时间	2022 年 10 月 3 日
志号	2022-22
票名	中国名亭（二）
图名	（4-2）水流云在亭
设计者	焦洋

水流云在亭位于河北承德避暑山庄澄湖北岸，是一座重檐四角攒尖顶、四面出卷棚式抱厦的敞亭。主体方形，亭子在顶部挑出四个檐角，底层四面抱厦挑出十二个檐角，双层共十六个檐角，形制独具一格。亭额“水流云在”取自唐代诗人杜甫诗中“水流心不竞，云在意俱迟”一句。邮票画面将亭居中放置，亭前绿树成荫，仿佛已经置身于宁静的夏日午后。

六月

己酉日

九

星期一

《孙秋生造像记》

农历五月 共二十九天	十四	壬午月 廿一日夏至
初候	螳螂生	二十五候

发行时间	2022 年 10 月 3 日
志号	2022–22
票名	中国名亭（二）
图名	（4–3）万春亭
设计者	焦洋

万春亭位于北京景山中峰，三重檐四角攒尖顶，覆黄琉璃瓦，绿剪边装饰，气势雄伟。亭外四周设有台阶，周围是黄、绿两色相间的琉璃方砖围栏。万春亭为北京城南北中轴线上最佳观景点之一，由此可以眺望故宫全景，令人心旷神怡。邮票画面描绘的是万春亭的醉人秋景。

六月

十

庚戌日

星期二

褚遂良《雁塔圣教序》

农历五月 共二十九天	十五	壬午月 廿一日夏至
次候	鵙始鸣	二十六候

发行时间	2022 年 10 月 3 日
志号	2022–22
票名	中国名亭（二）
图名	（4–4）双环亭
设计者	焦洋

双环亭又名双环万寿亭，原址在北京中南海，1976 年移建至北京天坛公园。它由两个重檐八柱圆亭套合而成，上重檐为孔雀蓝琉璃瓦黄剪边，下层檐为黄瓦蓝剪边，为国内古建筑中仅存的一例。双环亭截面恰似双环相套，又似两只寿桃，取和合、吉祥、长寿之意。画面中纷纷扬扬的雪花落在亭顶，展现出双环亭在雪景中的别样韵味。

六月

辛亥日

十二

星期三

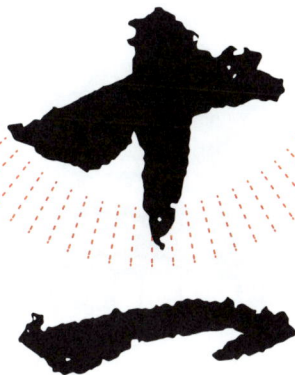

王羲之《集字圣教序》

中国人口日		
农历五月 共二十九天	十六	廿一日夏至 壬午月
次候	鵙始鸣	二十六候

发行时间	2023 年 12 月 3 日
志号	2023–27
票名	世界文化遗产——平遥古城
图名	（3–1）迎薰门
设计者	阎炳武、容铁

平遥古城是一座具有 2800 多年历史的文化名城，也是中国目前保存最为完整的四座古城之一，整座城池状若乌龟，因此又被称为“龟城”。邮票画面中的主体建筑为平遥古城的南城门，因其迎接来自东南的和薰之风，故被称为“迎薰门”。其为三重檐歇山顶木构架楼阁，覆以青绿琉璃瓦。城楼巍峨高耸，城墙雄阔肃穆，尽显古朴气息。

六月

十二

壬子日

星期四

虞世南《孔子庙堂碑》

共二十九天 农历五月	十七	壬午月 廿一日夏至
次候	鵙始鸣	二十六候

发行时间	2023 年 12 月 3 日
志号	2023–27
票名	世界文化遗产——平遥古城
图名	（3–2）南大街
设计者	阎炳武、容铁

平遥古城南大街上有一座独具风格的市楼，又名“金井楼”，位于平遥古城中心，是古城内唯一的楼阁式高层建筑。市楼为砖木结构的两层过街楼建筑，三重檐歇山顶，顶部由孔雀蓝、黄、绿三色琉璃瓦覆盖，并饰琉璃脊饰，端庄秀美。楼顶两面分别有“喜”“寿”二字，蕴含着美好的寓意。

六月

十二

癸丑日

星期五

王羲之《澄清堂帖》

农历五月 共二十九天	十八	壬午月 廿一日夏至
次候	鵙始鸣	二十六候

发行时间	2023 年 12 月 3 日
志号	2023–27
票名	世界文化遗产——平遥古城
图名	（3–3）日昇昌旧址
设计者	阎炳武、容铁

邮票画面中的“日昇昌”是中国第一家票号，专营银两汇兑、存放款业务，曾在全国各地设有分号，享有“汇通天下”之誉。日昇昌旧址的建筑布局为典型的前铺后院式，功能分明，全院建筑多为硬山顶砖木一层结构，临街铺面、中厅及西院后厅等为上下两层的木结构房舍，用料考究，雕工上乘，气宇轩昂。

六月

十四

甲寅日

星期六

欧阳询《九成宫醴泉铭》

文化和自然遗产日		
农历五月 共二十九天	十九	壬午月 廿一日夏至
次候	鵙始鸣	二十六候

发行时间	2015 年 6 月 13 日
志号	2015–12
票名	感恩父亲
图名	感恩父亲
设计者	张安朴、张乐陆

父亲节起源于 20 世纪初的美国。据说最早提出设立父亲节建议的是美国华盛顿的多德夫人。多德夫人的母亲早亡，其父亲独自一人承担起抚育孩子的重任，为感念父亲的养育之恩，多德夫人建议设立父亲节。1910 年 6 月，人们庆祝了第一个父亲节。1972 年美国将 6 月的第三个星期日定为父亲节。

六月

十五

乙卯日

星期日

米芾《草书九帖》

父亲节		
农历五月 共二十九天	廿	壬午月 廿一日夏至
末候	反舌无声	二十七候

发行时间	2023 年 12 月 3 日
志号	2023–27M
票名	世界文化遗产——平遥古城（小全张）
图名	世界文化遗产——平遥古城
设计者	阎炳武、容铁

小全张将全套 3 枚邮票从左到右依次排开，从南城门到商业繁华的南大街再到中国第一家票号，展现出古城悠久的历史及其显著的商业特征。边饰以双林寺韦驮像、镇国寺大殿独特的唐代斗拱、南大街鸟瞰的单线图、古城的不同角度剪影图为表现内容，描摹出平遥古城的整体风貌。

六月

十六

丙辰日

星期一

褚遂良《孟法师碑》

农历五月 共二十九天	廿一	壬午月 廿一日夏至
末候	反舌无声	二十七候

南京云锦织造技艺

2009 年，南京云锦织造技艺入选联合国教科文组织《人类非物质文化遗产代表作名录》。

南京云锦织造技艺存续着中国古代皇家织造的传统，是中国织锦技艺最高水平的代表。它将“通经断纬”等核心技术运用在构造复杂的大型织机上，由上下两人手工操作，用蚕丝线、黄金线和孔雀羽线等材料织出华贵织物，如龙袍。南京云锦织造技艺有着完整的体系，是人类非凡创造力的见证。如今，因灿若云霞而得名的南京云锦，依然作为中国传统织造技艺的经典，用于高端织物的织造，为民众所喜爱。

发行时间	2011 年 5 月 10 日
志号	2011–12
票名	云锦
图名	（3–1）真金团龙
设计者	李群

云锦是中国传统工艺美术丝织品之一，因锦纹瑰丽，犹如云彩而得名。邮票画面主要参考“明万历红地如意云纹织金孔雀羽妆花纱龙袍料”中的纹样——真金团龙，它用金线、孔雀羽和各色彩线织造而成，色彩绚丽，灿若云霞。同时以大花楼织机和龙头纹样为背景，反映出纹样所代表的中国古代皇家文化与云锦的织造过程。

六月

十七

丁巳日

星期二

《曹全碑》

世界防治荒漠化和干旱日		
农历五月 共二十九天	廿二	壬午月 廿一日夏至
末候	反舌无声	二十七候

发行时间 2011 年 5 月 10 日

志号 2011–12

票名 云锦

图名 （3–2）一品鹤补

设计者 李群

补子是指明、清两代官员在朝服的前胸后背处装饰的图案，用来区分官品。邮票画面主体选取了“一品文官鹤”补子的细部。鹤是古代传说中的仙禽，地位尊贵。画面以蓝色为缎地，一只鹤呈站立状，展翅欲飞，姿态优雅，四周的吉祥纹样运用特殊织法，色彩丰富，图案立体，体现出云锦织造的高超技艺。

六月

十八

戊午日

星期三

褚遂良《雁塔圣教序》

农历五月 共二十九天	廿三	壬午月 廿一日夏至
末候	反舌无声	二十七候

发行时间 2011 年 5 月 10 日

志号 2011–12

票名 云锦

图名 （3–3）吉庆双余

设计者 李群

“挑花结本”是云锦织造的重要工序之一，工人需根据织物规格和经纬密度比例，将设计图案编结成花本，为后续的织造打下基础。邮票画面选取“吉祥双鱼”妆花缎中的双鱼纹样，寓意吉祥喜庆、年年有余，反映了和谐的民俗文化。

六月

十九

己未日

星期四

《说文解字》

农历五月 共二十九天	廿四	廿一日夏至 壬午月
末候	反舌无声	二十七候

发行时间　2011 年 5 月 10 日

志号　2011–12M

票名　云锦（小全张）

图名　云锦

设计者　李群

小全张将三枚带有附票的邮票交错排列，既包含了套票中具有代表性的三种云锦纹样，又展现出传统的织造技艺。小全张边饰展示出用云锦织造的龙袍局部，纹样纷繁复杂，气质雍容华贵，展现出我国古代登峰造极的织造技术。

六月

庚申日

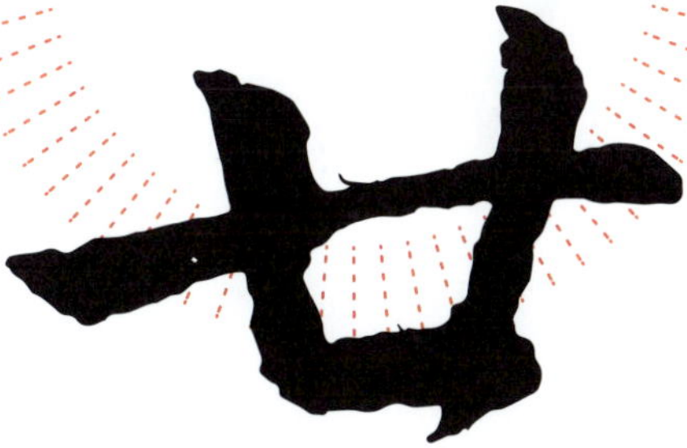

星期五

王羲之《澄清堂帖》

农历五月 共二十九天	廿五	壬午月 明日夏至
末候	反舌无声	二十七候

璿枢无停运，四序相错行。
寄言赫曦景，今日一阴生。
——唐·权德舆《夏至日作》

发行时间	2016年5月5日
志号	2016–10
票名	二十四节气（二）
图名	（6–4）夏至
设计者	刘金贵、王虎鸣

夏至是二十四节气中最早被确定的一个节气，一般在每年公历6月21日或22日。夏至这天，北半球的白昼达到最长，且越往北，白昼越长。夏至以后，太阳直射点逐渐南移，北半球的白昼日渐缩短。俗话说："冬至饺子夏至面""吃了夏至面，一天短一线"。在北方，面条是夏至必不可少的食品；在南方，夏至、冬至一般都吃馄饨。

日北至，日长之至，日影短至，故曰夏至。至者，极也。

——元·吴澄《月令七十二候集解》

大丈夫行事，论是非不论利害，论顺逆不论成败，论万世不论一生。志之所在，气亦随之；气之所在，天地鬼神亦随之。

——南宋·谢枋得《与李养吾书》

廿一日 星期六

辛酉日

六月

夏至

农历五月 共二十九天	廿六	今日夏至 壬午月
初候	鹿角解	二十八候

中国朝鲜族农乐舞

2009 年，中国朝鲜族农乐舞入选联合国教科文组织《人类非物质文化遗产代表作名录》。

中国朝鲜族农乐舞是集演奏、演唱、舞蹈于一体，反映传统农耕生产生活中祭祀祈福、欢庆丰收的民间表演艺术。舞蹈具有生态、纯朴、粗犷、和谐的特征。舞前踩地神祭祀，表达了尊重自然、依靠自然的原始信仰。舞者伴随唢呐、洞箫、锣鼓的节拍欢歌起舞，表达了追求吉祥幸福的美好愿望。场面热烈奔放，民族特色鲜明。中国朝鲜族农乐舞已融入中国朝鲜族的血脉，成为社会文化生活中的艺术瑰宝，体现出世界文化的多样性和人类的创造力。

发行时间 1999 年 10 月 1 日

志号 1999–11

票名 中华人民共和国成立五十周年——民族大团结

图名 （56–10）朝鲜族

设计者 周秀青、金向

中国朝鲜族农乐舞是中国朝鲜族的传统民俗舞蹈，多在春节和农作季节表演，旨在驱邪纳福、欢庆丰收及祈祝平安。表演时一部分人手持大金、长鼓、圆鼓等乐器，既伴奏也舞蹈，另一部分人则装扮成各种角色，随歌起舞，场面热烈。邮票画面中是一对身着朝鲜族传统服饰的男女，女子手持长鼓，男子手抚圆鼓，气氛欢乐祥和。

六月

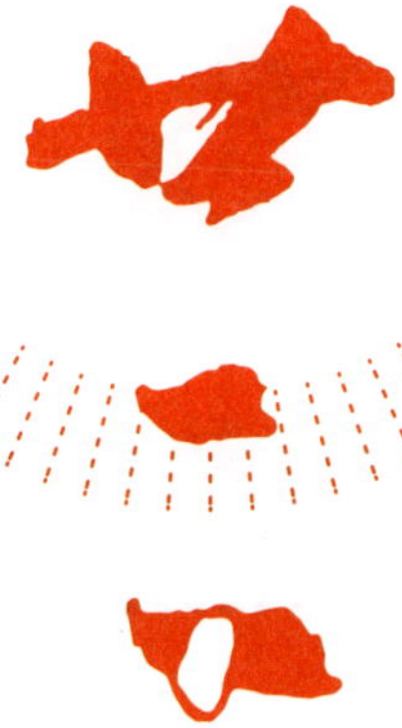

壬戌日

星期日

王羲之《大观帖》

农历五月 共二十九天	廿七	壬午月 七日小暑
初候	鹿角解	二十八候

发行时间	1973 年 6 月 1 日
志号	编 90
票名	儿童歌舞
图名	长鼓舞（朝鲜族）
设计者	吴建坤

长鼓舞是朝鲜族代表性舞蹈之一，农乐舞中也有长鼓舞的技巧表演。邮票画面上，朝鲜族小姑娘将长鼓系在身前，边击边舞，活泼潇洒。

六月

癸亥日

廿三

星期一

《高贞碑》

国际奥林匹克日		
农历五月 共二十九天	廿八	壬午月 七日小暑
初候	鹿角解	二十八候

《格萨（斯）尔》

2009年，《格萨（斯）尔》入选联合国教科文组织《人类非物质文化遗产代表作名录》。

《格萨（斯）尔》是一部关于藏族英雄格萨尔神圣业绩的宏大叙事史诗，它凭借杰出艺人的说唱流传千年，全面反映了藏族及其他相关族群关于自然万物的经验和知识，成为藏族等民族的普通民众所共享的精神财富，至今仍是其历史记忆和文化认同的重要依据。

藏族英雄史诗《格萨尔王传》与蒙古族英雄史诗《格斯尔》同源异流，合称为《格萨（斯）尔》。

发行时间	1999年10月1日
志号	1999–11
票名	中华人民共和国成立五十周年 ——民族大团结
图名	（56–4）藏族
设计者	周秀青、金向

藏族英雄史诗《格萨尔王传》讲述了格萨尔王为救护生灵投身下界，锄强扶弱、保护百姓、改善生活，最后完成使命返回天国的英雄故事。它的传唱音韵优美，铿锵有力，是世界上至今仍属于活态传承的少数史诗之一。邮票画面描绘了藏族铜铃舞的动作造型。

六月

甲子日

廿四

星期二

《乙瑛碑》

农历五月 共二十九天	廿九	七日小暑 壬午月
初候	鹿角解	二十八候

发行时间	1999 年 10 月 1 日
志号	1999–11
票名	中华人民共和国成立五十周年 ——民族大团结
图名	（56–2）蒙古族
设计者	周秀青、金向

《格斯尔》是蒙古族英雄史诗，它与藏族史诗《格萨尔王传》同源异流，因此也合称为《格萨（斯）尔》。这是一部由数十个诗章组成的大型史诗，歌颂了首领格斯尔汗保卫家乡和民众的英雄事迹，斥责侵略者的罪恶行为，反映出人民群众保卫家乡、创建和平幸福生活的愿望。邮票画面中一对蒙古族青年男女正在表演安代舞。

毕竟西湖六月中，风光不与四时同。

——南宋·杨万里《晓出净慈寺送林子方》

六月

廿五

乙丑日

星期三

王羲之《澄清堂帖》

季夏 农历六月 共三十天	初一	壬午月 七日小暑
初候	鹿角解	二十八候

【六月荷花】

根是泥中玉，心承露下珠。

（唐·李群玉《莲叶》）

侗族大歌

2009 年，侗族大歌入选联合国教科文组织《人类非物质文化遗产代表作名录》。

侗族大歌是侗族民间无伴奏、无指挥的多声部民歌的总称，包括声音歌、叙事歌、童声歌、踩堂歌、拦路歌等。它以“众低独高”为传统的声部组合原则，以歌师教歌、歌班唱歌为传承方式，具有优美和谐的艺术品格，承载和传递着侗族人民的生活方式、社会结构、人伦礼俗、智慧精髓等重要文化信息。

发行时间　1999 年 10 月 1 日

志号　1999–11

票名　中华人民共和国成立五十周年——民族大团结

图名　（56–12）侗族

设计者　周秀青、金向

侗族大歌在侗语中被称为“嘎劳”，与大歌相对的小歌则称为“嘎腊”。小歌是南部侗歌中单声部民歌的统称，其演唱内容多为情歌，曲调短小，委婉缠绵。邮票画面中一对青年男女身着侗族传统服装，男子以牛腿琴伴奏，女子在一旁轻歌曼舞，展现出侗族人民爱歌、唱歌、以歌为媒的民族传统。

六月

丙寅日

廿六

星期四

颜真卿《建中告身帖》

国际禁毒日		
农历六月 共三十天	初二	壬午月 七日小暑
次候	蜩始鸣	二十九候

发行时间	1997 年 6 月 2 日
志号	1997–8
票名	侗族建筑
图名	（4–1）增冲鼓楼
设计者	李印清

鼓楼是侗族特有的民俗建筑，侗寨人在这里举行重大活动，同时也是老年人教歌、青年人唱歌、小孩学歌、民间老艺人传歌编侗戏的集中场所。增冲鼓楼位于贵州省黔东南苗族侗族自治州从江县增冲村，始建于清朝康熙年间。该楼为穿斗结构，十三重檐八角攒尖顶，双层楼冠，宝葫芦顶，楼冠下各置如意斗拱。邮票画面以旭日东升的光色变幻烘托出鼓楼神秘而恢弘的气势。

六月

廿七

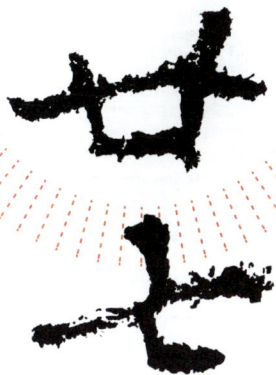

丁卯日

星期五

郑道昭《郑文公下碑》

共三十天 农历六月	初三	壬午月 七日小暑
次候	蜩始鸣	二十九候

发行时间	1997 年 6 月 2 日
志号	1997–8
票名	侗族建筑
图名	（4–2）百二鼓楼
设计者	李印清

百二鼓楼位于贵州省黔东南苗族侗族自治州从江县佰二村，为密檐式建筑，鼓楼外形为四角九重檐四坡面攒尖顶，不设楼冠。它与增冲鼓楼代表了侗寨鼓楼的两种类型。邮票画面中百二鼓楼伫立在阳光下，背后是蔚蓝的天空和翻涌的白云，显得十分古朴自然，俏丽巍峨。

六月

戊辰日

星期六

王羲之《淳化阁帖》

农历六月 共三十天	初四	壬午月 七日小暑
次候	蜩始鸣	二十九候

发行时间	1997年6月2日
志号	1997–8
票名	侗族建筑
图名	（4–3）跨河风雨桥
设计者	李印清

侗族有三宝——大歌、鼓楼、风雨桥。风雨桥是侗族富有民族特色的长廊式桥梁，因可避风雨，故称风雨桥。它集亭、塔、楼、阁、桥建筑形式于一身，气势雄伟，工艺精湛。风雨桥的桥墩通常使用青石，桥梁、柱和桥面则采用传统的榫卯结构，造型优美，坚固耐久。邮票画面采用横式构图及金黄色调，展现了跨河风雨桥的独特建筑。

六月

廿九

己巳日

星期日

王献之《廿九日帖》

共三十天 农历六月	初五	壬午月 七日小暑
次候	蜩始鸣	二十九候

发行时间	1997 年 6 月 2 日
志号	1997–8
票名	侗族建筑
图名	（4–4）田间风雨桥
设计者	李印清

旧时，风雨桥上设有神台祭坛，兼具宗教功能。现在桥上多备长凳、泉水、草鞋等物品，供过往行人休息，同时人们也在桥上招待宾客、谈情说爱、举行比赛等，是侗族人民互帮互助、团结友爱的象征。邮票画面中细雨蒙蒙，几位农家姑娘在桥上小憩，展现出侗族日常生活中的一面，充满诗情画意。

六月

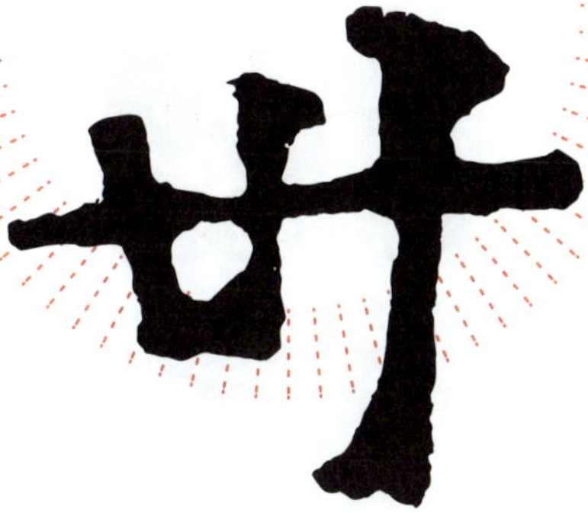

庚午日

星期一

《中岳嵩高灵庙碑》

共三十天 农历六月	初六	壬午月 七日小暑
次候	蜩始鸣	二十九候

发行时间 2001 年 12 月 5 日

志号 2001–26

票名 民间传说——许仙与白娘子

图名 （4–2）仙山盗草

设计者 戴敦邦

七月

发行时间 1974 年 4 月 1 日

志号 普 16

票名 革命纪念地图案普通邮票

图名 中国共产党第一次全国代表大会会址

设计者 孙传哲

1921 年 7 月 23 日，中国共产党第一次全国代表大会在上海召开，毛泽东等 13 名中国共产党早期组织的代表出席会议。最后一天的会议转移到浙江嘉兴南湖举行。党的一大确定了党的名称、纲领，选举了党的领导机构，宣告了中国共产党的成立，这是开天辟地的大事。从 1941 年起，7 月 1 日被定为党的诞生纪念日。

七月

一

辛未日

星期二

王羲之《集字圣教序》

中国共产党成立一百零四周年纪念日　香港回归纪念日		
农历六月 共三十天	初七	七日小暑 壬午月
末候	半夏生	三十候

花儿

2009 年，花儿入选联合国教科文组织《人类非物质文化遗产代表作名录》。

花儿产生于明代初年，是流传在中国西北部甘、青、宁三省（自治区）的汉、回、藏、东乡、保安、撒拉、土家、裕固、蒙古等民族间共创共享的民歌，因歌词中把女性比喻为花朵而得名。人们不仅在田间劳动、山野放牧和旅途中即兴漫唱，还会自发举行规模盛大的竞唱活动，具有多民族文化交流与情感交融的特殊价值。

发行时间	2002 年 7 月 20 日
志号	2002–16
票名	青海湖
图名	（3–1）湖畔
设计者	朱乃正

青海湖位于青藏高原的东北部、青海省西宁市西北部，是中国最大的内陆咸水湖。青海湖湖水清澈，宛如一颗翡翠，周围草原广袤、动植物种类繁多，景色迷人。花儿的曲调流传其间，无论是在田间劳作还是在漫漫途中，只要有闲暇时间，当地百姓总会唱起花儿，形成一种独特的人文景观。

七月

壬申日

星期三

怀素《秋兴八首》

共三十天 农历六月	初八	壬午月 七日小暑
末候	半夏生	三十候

发行时间	2002 年 7 月 20 日
志号	2002–16
票名	青海湖
图名	（3–2）鸟岛
设计者	朱乃正

鸟岛位于青海湖的西北隅，由于其特殊的地理位置和气候环境，每年吸引了数以万计的候鸟来此栖息，形成青海湖上的一处奇观。邮票画面展现了鸟岛上空万鸟齐飞、水天一色的壮美景观。

七月

三

癸酉日

星期四

王献之《淳化阁帖》

共三十天 农历六月	初九	壬午月 七日小暑
末候	半夏生	三十候

发行时间	2002 年 7 月 20 日
志号	2002–16
票名	青海湖
图名	（3–3）远眺
设计者	朱乃正

青海湖因地势高，常年天气凉爽，而成为游客在夏日的避暑胜地。邮票图案展现了远眺青海湖的画面，蓝天、白云、雪山、飞鸟、湖面尽收眼底，令人心旷神怡，犹如梦境。

七月

甲戌日

星期五

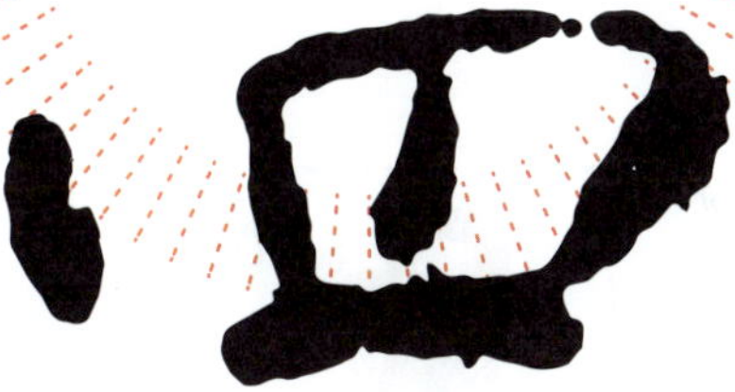

唐太宗《晋祠铭》

农历六月 共三十天	初十	壬午月 七日小暑
末候	半夏生	三十候

《玛纳斯》

2009年，《玛纳斯》入选联合国教科文组织《人类非物质文化遗产代表作名录》。

《玛纳斯》是柯尔克孜族的英雄史诗，它讲述了英雄玛纳斯及其七代子孙前仆后继，率领柯尔克孜族人民反抗外来侵略者、对抗邪恶势力的故事。在千百年的流传中，柯尔克孜族人民世世代代将自己对周围事物的理解融入《玛纳斯》中，使其不仅成为柯尔克孜族人民的杰出创造和口头传承的“百科全书”，还凝聚着他们团结一致、奋发进取的精神力量。

发行时间	1999年10月1日
志号	1999-11
票名	中华人民共和国成立五十周年 ——民族大团结
图名	（56-29）柯尔克孜族
设计者	周秀青、金向

柯尔克孜族的《玛纳斯》是中国三大史诗之一，以史诗第一部中的主人公之名而得名，其演唱异文繁多、篇幅宏大。柯尔克孜族人民每逢喜庆佳节、祭奠仪式或是亲朋好友聚会之时，总会演唱《玛纳斯》。邮票画面中一对青年男女身着柯尔克孜族的民族服饰，边弹边唱，载歌载舞。

七月

五

乙亥日

星期六

欧阳询《九成宫醴泉铭》

农历六月 共三十天	十一	壬午月 七日小暑
末候	半夏生	三十候

妈祖信俗

2009 年，妈祖信俗入选联合国教科文组织《人类非物质文化遗产代表作名录》。

妈祖信俗是以妈祖宫庙为主要活动场所，以习俗和庙会等为表现形式，以崇奉和颂扬妈祖的立德、行善、大爱精神为核心的民俗文化。相传，妈祖于 10 世纪出生在福建省湄洲岛，因营救海难幸存者而献身。当地百姓为其立庙祭祀，并将故事口耳相传，使妈祖逐渐成为中国影响最大的航海保护神。妈祖信俗传播至世界 20 多个国家和地区，为两亿多民众所崇拜并传承至今。

发行时间	1992 年 10 月 4 日
志号	1992-12
票名	妈祖
图名	妈祖像
设计者	万维生
原作品作者	李维祀、蒋志强（雕塑）

妈祖被中华民族奉为海神，妈祖文化是中国海洋文化的代表。邮票画面为福建莆田湄洲岛的妈祖石雕像，雕像中的妈祖面容慈祥，手持如意，雍容端庄。

七月

丙子日

六

星期日

《西岳华山庙碑》

共三十天 农历六月	十二	壬午月 明日小暑
末候	半夏生	三十候

何以销烦暑，端居一院中。
眼前无长物，窗下有清风。
热散由心静，凉生为室空。
此时身自得，难更与人同。

——唐·白居易《销暑》

发行时间	2016年5月5日
志号	2016-10
票名	二十四节气（二）
图名	（6-5）小暑
设计者	刘金贵、王虎鸣

小暑节气标志着我国大部分地区进入炎热季节，一般在每年公历7月6日至8日之间，绿树浓荫，时有热浪袭人，暴雨频频光顾。民间有小暑时节“食新”的习俗，即在小暑过后尝新面。俗话说：“头伏饺子二伏面，三伏烙饼摊鸡蛋。”在头伏吃饺子是一些地区的传统习俗。伏天，人们食欲不振，比常日消瘦，俗谓之“苦夏”，而饺子正是开胃解馋的食物。

小暑，六月节。《说文》曰：暑，热也，就热之中分为大小，月初为小，月中为大。今则热气犹小也。

——元·吴澄《月令七十二候集解》

子夏曰：“君子有三变：望之俨然，即之也温，听其言也厉。”

——《论语》

七日

七月

小暑

丁丑日

星期一

“七七事变”纪念日		
共三十天 农历六月	十三	癸未月 今日小暑
初候	温风至	三十一候

蒙古族呼麦歌唱艺术

2009 年，蒙古族呼麦歌唱艺术入选联合国教科文组织《人类非物质文化遗产代表作名录》。

呼麦是指歌手运用特殊的发声技巧，一个人同时唱出两个声部，形成罕见的多声部形态。作为一种特殊的民间歌唱形式，呼麦是蒙古族人民的杰出创造。它传达着蒙古族人民对自然宇宙和世界万物深层的哲学思考和体悟，表达了其追求和谐生存发展的理念和健康向上的审美情趣。

发行时间 2002 年 2 月 23 日

志号 2002-4

票名 民族乐器——拉弦乐器

图名 （5-5）马头琴

设计者 殷会利

呼麦是蒙古族人民创造的一种神奇的歌唱艺术，它包含对瀑布、高山、森林、动物等自然声音的模仿，传达了其与自然、宇宙和谐相处的理念。邮票画面表现的是蒙古族民族乐器马头琴。深邃的呼麦声与悠扬的马头琴声，讲述着蒙古族人民古老的故事，描绘着草原的辽阔与苍茫。

七月

戊寅日

星期二

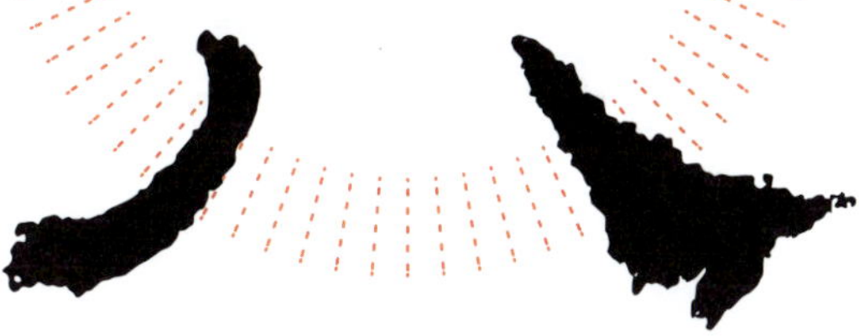

《乙瑛碑》

农历六月 共三十天	十四	癸未月 廿二日大暑
初候	温风至	三十一候

发行时间	2017 年 5 月 1 日
志号	2017–9
票名	内蒙古自治区成立七十周年
图名	（3–3）民族和谐
设计者	殷会利、牧婧、胡杨

呼麦主要分布在我国内蒙古自治区的锡林郭勒、呼伦贝尔草原及呼和浩特市等地区，我国新疆维吾尔自治区阿尔泰山一带的蒙古族居住地及蒙古国等地也有传唱。邮票画面表现了内蒙古自治区内各族人民在五一会址前，身着特色民族服饰欢歌起舞的情景。

七月

九

己卯日

星期三

《孙秋生造像记》

农历六月 共三十天	十五	癸未月 廿二日大暑
初候	温风至	三十一候

南音

2009 年，南音入选联合国教科文组织《人类非物质文化遗产代表作名录》。

南音是集唱、奏于一体的表演艺术，是中国现存最古老的乐种之一。南音用福建泉州方言演唱，主要以琵琶、洞箫、二弦、三弦、拍板等乐器演奏，以“乂工六思一”五个汉字符号记写乐曲。南音的音乐风格典雅细腻，其演唱形式、乐器形制、宫调旋律、曲目曲谱及记谱方式独特，为研究中国古代音乐提供了丰富的历史信息。

发行时间	1983 年 1 月 20 日
志号	T.81
票名	民族乐器——拨弦乐器
图名	（5–4）琵琶
设计者	邓锡清

琵琶是中国传统的拨弦乐器，是可独奏、伴奏、重奏、合奏的重要民族乐器，也是南音演奏的主要乐器之一。南音琵琶流行于我国闽南和台湾地区，常和南音洞箫配在一起，共同演奏乐曲的旋律。邮票将琵琶作为主画面，刻画精细，背景中一名古代仕女正怀抱琵琶悠然弹奏，给人身临其境的艺术享受。

七月

庚辰日

星期四

褚遂良《雁塔圣教序》

农历六月 共三十天	十六	癸未月 廿二日大暑
初候	温风至	三十一候

发行时间	2010 年 7 月 11 日
志号	2010–18
票名	中国航海日
图名	中国航海日
设计者	李昕
原作品作者	崔彦伟（“郑和宝船”原画）

汉代以来，“海上丝绸之路”成为联结中国与世界的重要文化与贸易纽带。明代永乐、宣德年间，郑和创造了七下西洋的壮举。为了纪念这一壮举，从 2005 年起，国家将每年 7 月 11 日定为“中国航海日”。“中国航海日”是我国涉海领域唯一由国务院批准设立的国家法定节日，也是“世界海事日”在我国的实施日期。

七月

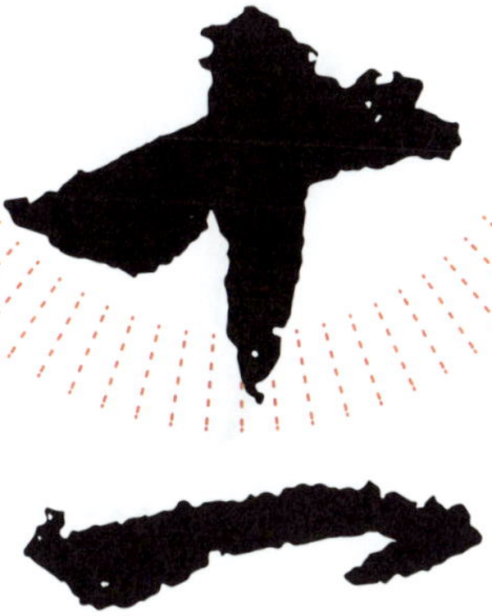

辛巳日

星期五

王羲之《集字圣教序》

中国航海日		
农历六月 共三十天	十七	癸未月 廿二日大暑
初候	温风至	三十一候

发行时间	1983 年 1 月 20 日
志号	T.81
票名	民族乐器——拨弦乐器
图名	（5–5）三弦
设计者	邓锡清

三弦又名“弦子”，是中国传统的拨弦乐器，也是南音演奏的主要乐器之一。三弦可独奏、合奏和伴奏，技巧繁复，表现力强。邮票图案将三弦作为主画面，背景中一名古代仕女飘然弹奏，悠扬的乐曲声似隐约可闻。

七月

十二

壬午日

星期六

虞世南《孔子庙堂碑》

共三十天 农历六月	十八	癸未月 廿二日大暑
次候	蟋蟀居壁	三十二候

发行时间	2015 年 7 月 18 日
志号	2015–14
票名	清源山
图名	（3–1）天湖
	（3–2）祈风石刻
	（3–3）老君岩
设计者	郭华卫

南音也称“泉州南音”，它古朴优美、委婉深情，有着深厚的群众基础，与闽南人的生活密切相关。泉州，位于福建东南沿海，是“海上丝绸之路”的起点之一。邮票图案表现的清源山位于泉州，为道教名山，具有浓厚的文化底蕴和优美的自然景观。

七月

十三

癸未日

星期日

王羲之《澄清堂帖》

共三十天 农历六月	十九	癸未月 廿二日大暑
次候	蟋蟀居壁	三十二候

热贡艺术

2009 年，热贡艺术入选联合国教科文组织《人类非物质文化遗产代表作名录》。

热贡艺术主要指唐卡、壁画、堆绣、雕塑等造型艺术，是藏传佛教的重要艺术流派。发端于 13 世纪的热贡艺术，主要分布在青海省黄南藏族自治州同仁市隆务河流域的吴屯、年都乎、郭玛日、尕沙日等村落，其内容以佛教本生故事、历史人物和神话传说等为主。热贡艺术以其浓郁的宗教色彩和鲜明的地域特色，被信仰藏传佛教的各族僧俗群众喜爱。

发行时间	2014 年 5 月 18 日
志号	2014–10
票名	唐卡
图名	（4–1）释迦牟尼佛
设计者	刘钊、方军

唐卡是指以布、丝绸或纸为地，刺绣或手绘的富有藏族民族特色的卷轴画，题材以佛教内容为主，是热贡艺术的典型代表。邮票画面表现的是释迦牟尼佛唐卡，现藏于故宫博物院。唐卡所绘释迦牟尼佛面相慈和，螺发高髻，身着袈裟，右手结印，左手托钵，坐于莲花宝座上，身后的背光华美端庄。此轴绘制精细，是一幅唐卡佳作。

七月

十四

甲申日

星期一

欧阳询《九成宫醴泉铭》

共三十天 农历六月	廿	癸未月 廿二日大暑
次候	蟋蟀居壁	三十二候

发行时间	2014 年 5 月 18 日
志号	2014–10
票名	唐卡
图名	（4–2）无量寿佛
设计者	刘钊、方军

唐卡的历史可追溯至唐代初年，是藏族独具特色的绘画艺术形式，堪称藏族的百科全书。邮票画面中的无量寿佛唐卡现藏于故宫博物院。此唐卡所绘无量寿佛通身红色，面相慈和，头戴金色冠，身饰璎珞，双手结印，上托金瓶；身后绘缠枝牡丹等组成团形背衬，独具特色。该作体现了汉藏艺术风格的融合。

七月

乙酉日

星期二

米芾《草书九帖》

农历六月 共三十天	廿一	癸未月 廿二日大暑
次候	蟋蟀居壁	三十二候

发行时间	2014 年 5 月 18 日
志号	2014–10
票名	唐卡
图名	（4–3）绿度母
设计者	刘钊、方军

唐卡制作手法多样，包括彩绘唐卡、印刷唐卡、刺绣唐卡、织锦（堆绣）唐卡、贴花唐卡、缂丝唐卡及珍珠唐卡等。邮票画面中的唐卡现藏于故宫博物院。救度佛母（也称“度母”）是藏传佛教尊奉的女神，绿度母为二十一度母之首。唐卡所绘绿度母，绿色身，头戴五佛宝冠，手持莲花，左腿盘曲，右腿前伸，怡然自如。

七月

十六

丙戌日

星期三

褚遂良《孟法师碑》

共三十天 农历六月	廿二	癸未月 廿二日大暑
次候	蟋蟀居壁	三十二候

发行时间 2014 年 5 月 18 日

志号 2014–10

票名 唐卡

图名 （4–4）白度母

设计者 刘钊、方军

唐卡多为竖长条幅，构图饱满，画法以工笔重彩和白描为主。邮票画面中的唐卡现藏于故宫博物院。相传白度母为观世音菩萨所化现，于面部及手足共生七目，故又称“七眼佛母”，可以看见世间受难众生的苦痛而予以拯救。

七月

丁亥日

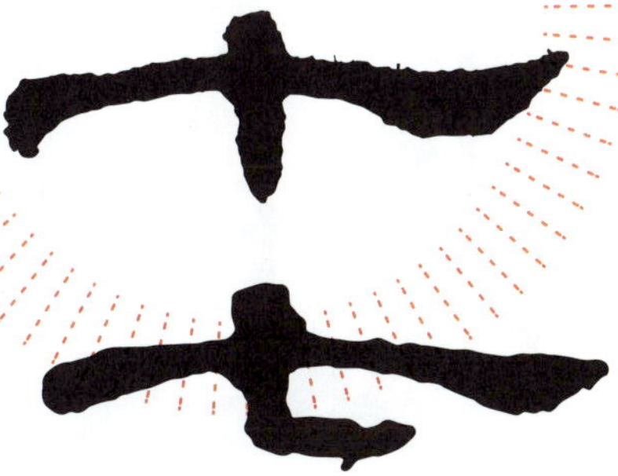

星期四

《曹全碑》

农历六月 共三十天	廿三	癸未月 廿二日大暑
末候	鹰始击	三十三候

发行时间 2014年5月18日

志号 2014-10M

票名 唐卡（小型张）

图名 千手千眼观世音菩萨

设计者 王虎鸣

邮票画面中的千手千眼观世音菩萨唐卡现藏于故宫博物院。千手千眼观世音又称十一面观世音，以千手护持众生，以千眼观照人间。千手千眼观世音身披璎珞，立于莲台上。除了胸前八个主臂，左右各具二十个手臂，最外侧是呈扇形密集排列的千眼千手。

七月

十八

戊子日

星期五

褚遂良《雁塔圣教序》

共三十天 农历六月	廿四	癸未月 廿二日大暑
末候	鹰始击	三十三候

发行时间	2013 年 6 月 16 日
志号	2013–14
票名	金铜佛造像
图名	（6–1）五代 · 铜鎏金观音菩萨像
设计者	夏竞秋

不同历史时期的金铜佛造像，展现出中国古代金铜佛造像艺术的发展历程，展示了佛造像精彩的造型和丰富的内涵。邮票画面中的观音头顶花冠，头微低，右腿抬起，置于石座之上，左腿自然垂落。其右侧石座下置一净瓶，身后圆形背光，外缘上、左、右各饰一火焰。该金铜佛造像现藏于中国国家博物馆。

七月

十九

己丑日

星期六

《说文解字》

共三十天 农历六月	廿五	癸未月 廿二日大暑
末候	鹰始击	三十三候

发行时间	2013 年 6 月 16 日
志号	2013–14
票名	金铜佛造像
图名	（6–2）宋 · 铜鎏金地藏菩萨像
设计者	夏竞秋

金铜佛造像是指用铜或青铜铸造，表面鎏金的可移动的佛教造像，包括佛、菩萨、弟子、天王、力士、诸天等形象。邮票画面中的地藏菩萨像发现于苏州瑞光塔第三层塔心的天宫中。其沉寂端庄，阔额长耳，表情慈悲，身披袈裟，衣纹流畅。坐于长方形座上，左足下踏莲花台。右手持一宝珠，左手置于膝上。该金铜佛造像现藏于苏州博物馆。

廿二日

七月

大暑

星期二

壬辰日

初伏第三天		
共三十天 农历六月	廿八	癸未月 今日大暑
初候	腐草为萤	三十四候

发行时间	2013 年 6 月 16 日
志号	2013–14
票名	金铜佛造像
图名	（6–4）明 · 铜鎏金无量寿佛像
设计者	夏竞秋

金铜佛造像在我国随着佛寺的兴盛而发达，流行的盛期大致在南北朝至唐代。邮票画面表现的无量寿佛像面庞方圆，头戴花冠，耳戴花珰，长眉细目，面带微笑，唇部施朱砂漆，眉心白毫镶嵌宝石。身饰璎珞和长链，手和足均戴钏镯，坐于双层束腰莲花宝座上，双手托甘露瓶。该金铜佛造像现藏于观复博物馆。

七月

廿三

癸巳日

星期三

《高贞碑》

初伏第四天		
共三十天 农历六月	廿九	癸未月 七日立秋
初候	腐草为萤	三十四候

发行时间	2013 年 6 月 16 日
志号	2013–14
票名	金铜佛造像
图名	（6–5）明 · 铜鎏金文殊菩萨像
设计者	夏竞秋

金铜佛造像在中国佛教初传期多被称作金人，其后亦称金泥铜像。邮票画面表现的文殊菩萨头戴宝冠，绀发，面庞方形，修眉细目，眼睛微闭，庄重中蕴含慈祥。鼻高直，耳饰珰。身饰瓔珞，着披帛，双手持莲茎，两肩各有莲花，坐于莲花宝座之上。该金铜佛造像现藏于故宫博物院。

七月

廿四

甲午日

星期四

《乙瑛碑》

初伏第五天		
农历六月 共三十天	三十	癸未月 七日立秋
初候	腐草为萤	三十四候

发行时间　2013 年 6 月 16 日

志号　2013–14

票名　金铜佛造像

图名　（6–6）明 · 铜鎏金普贤菩萨像

设计者　夏竞秋

金铜佛造像不仅是宗教精神的具象和载体，也是一个博大精深的艺术门类，在中国及世界艺术史上有着重要地位。邮票画面中的普贤菩萨端身正坐于一头六牙白象背上，头戴发箍，发辫垂于两肩，面相圆润，面态慈和。上身着袈裟，下身着僧裙。大象伏卧于宽大的莲花座上，象头露于一端，象鼻弯转于座前，六牙前伸，造型极其生动。该金铜佛造像现藏于首都博物馆。

七月

廿五

乙未日

星期五

王羲之《澄清堂帖》

初伏第六天		
共二十九天 农历闰六月	**初一**	癸未月 七日立秋
初候	**腐草为萤**	三十四候

中国桑蚕丝织技艺

2009 年，中国桑蚕丝织技艺入选联合国教科文组织《人类非物质文化遗产代表作名录》。

蚕桑丝织是中国的伟大发明，是中华民族认同的文化标识。这一遗产包括栽桑、养蚕、缫丝、染色和丝织等整个过程的生产技艺，其间所用到的各种巧妙精到的工具和织机，以及由此生产出来的绚丽多彩的绫绢、纱罗、织锦和缂丝等丝绸产品，同时也包括这一过程中衍生出来的相关民俗活动。该技艺及其民俗活动历经五千余年，至今仍流传于浙江北部和江苏南部的太湖流域（包括杭州、嘉兴、湖州和苏州等市）及四川成都等地，对中国历史作出了重大贡献，并通过丝绸之路对人类文明产生了深远影响。

发行时间 2012 年 8 月 1 日

志号 2012–19

票名 丝绸之路

图名 （4–1）千年帝京

设计者 陈景异、惠斌、李群

丝绸之路是中国古代经中亚通往南亚、西亚，以及欧洲、北非的陆上贸易通道，大量丝织品经此路西运，故而得名。邮票画面主体表现的是陕西西安的大慈恩寺及大雁塔，为玄奘译经、藏经之处；前景为“胡人牵三彩单峰驼”，其下方是“朱红地连珠对马纹锦”；远景中的河南洛阳白马寺，是中国最早的佛教寺院。画面表现出丝绸之路在唐代中外贸易和文化交流中的重要地位。

七月

廿六

丙申日

星期六

颜真卿《建中告身帖》

初伏第七天		
共二十九天 农历闰六月	初二	癸未月 七日立秋
初候	腐草为萤	三十四候

发行时间	2012 年 8 月 1 日
志号	2012–19
票名	丝绸之路
图名	（4–2）大漠雄关
设计者	陈景异、惠斌、李群

中国是世界上最早种桑、养蚕、缫丝的国家。邮票画面主体为玉门关，是古代中原通往西域的重要门户；前景“铜奔马”被认为是东西方文化交往的使者和象征，也是中国旅游的标志，其下方为“联珠胡王锦”；远景为宁夏须弥山石窟。

七月

廿七

丁酉日

星期日

郑道昭《郑文公下碑》

初伏第八天		
共二十九天 农历闰六月	初三	癸未月 七日立秋
次候	土润溽暑	三十五候

发行时间　2012年8月1日

志号　2012–19

票名　丝绸之路

图名　（4–3）神秘故国

设计者　陈景异、惠斌、李群

蚕桑丝织这一传统生产手工技艺和民俗活动是中国非物质文化遗产的重要组成部分。邮票画面主体表现的楼兰古城，曾是丝绸之路上的重要枢纽；前景为“鎏金银壶”，综合了古希腊与波斯风格，是中西文化交流的重要见证，其下方是“黄地宝相花刺绣鞍鞯”；远景为青海西宁北禅寺的“九窟十八洞”。

七月

戊戌日

星期一

王羲之《淳化阁帖》

初伏第九天		
共二十九天 农历闰六月	初四	癸未月 七日立秋
次候	土润溽暑	三十五候

发行时间	2012 年 8 月 1 日
志号	2012–19
票名	丝绸之路
图名	（4–4）西域胜境
设计者	陈景昇、惠斌、李群

蚕桑丝织技艺沿着丝绸之路传播，对人类文明产生了深远影响。邮票画面主体为新疆克孜尔千佛洞，富有西域艺术特色；前景为“仙人奔马”，是汉代圆雕玉器的珍品，下方是“红地云珠日天锦”；远景为高昌故城，是丝绸之路上的重要节点。

七月

己亥日

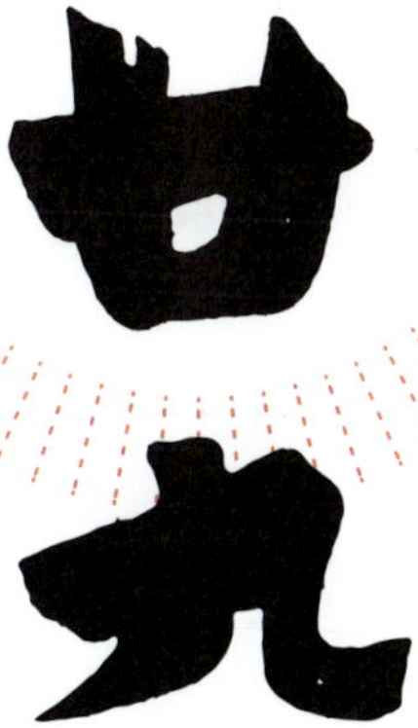

星期二

王献之《廿九日帖》

初伏第十天		
共二十九天 农历闰六月	初五	癸未月 七日立秋
次候	土润溽暑	三十五候

发行时间	2018 年 5 月 19 日
志号	2018–11
票名	丝绸之路文物（一）
图名	（4–1）汉·鎏金铜蚕
设计者	陈景异

养蚕是中国桑蚕丝织技艺的主要步骤之一。邮票画面中的“鎏金铜蚕”现藏于陕西历史博物馆。铜蚕全身首尾共计九个腹节，体态为仰头吐丝状，制作精致，造型逼真。文物出土地陕西省石泉县，古代养蚕业兴盛，丝织品不仅畅销国内，还随着丝绸之路驰名世界。

七月

廿

庚子日

星期三

《中岳嵩高灵庙碑》

中伏第一天		
共二十九天 农历闰六月	初六	癸未月 七日立秋
次候	土润溽暑	三十五候

藏戏

2009 年，藏戏入选联合国教科文组织《人类非物质文化遗产代表作名录》。

藏戏是表演者头戴面具、以歌舞演故事的藏族戏剧。其常演剧目为八大传统藏戏，内容大部分是佛经中劝善惩恶的神话传说。藏戏原流传于民间，由艺人口传心授，在广场或寺院中演出，后来建立了专业剧团，出现了舞台演出形式。藏戏承载着藏族文化的血脉，反映了藏族人民的生活面貌和思想感情，是其文化生活的重要组成部分。

发行时间　2015 年 9 月 1 日

志号　2015–17

票名　西藏自治区成立五十周年

图名　（3–1）美丽西藏

设计者　叶星生

藏戏形成于 14 世纪，流传于青藏高原。本枚邮票构图中心表现的便是传统藏戏。画面中，极具民族色彩的藏戏表演与西藏的自然风光和人文景观相互映衬，跃然于方寸之间。

七月

廿一

辛丑日

星期四

《石门铭》

中伏第二天		
农历闰六月 共二十九天	初七	癸未月 七日立秋
次候	土润溽暑	三十五候

发行时间	2001 年 12 月 5 日
志号	2001–26
票名	民间传说——许仙与白娘子
图名	（4–3）水漫金山
设计者	戴敦邦

八

月

发行时间 1974年8月15日

志号 普16

票名 革命纪念地图案普通邮票

图名 南昌起义总指挥部旧址

设计者 孙传哲

中国人民解放军诞生于1927年8月1日，每年的8月1日是中国人民解放军建军纪念日，因此，也叫“八一”建军节。中国人民解放军为中国人民求解放、求幸福，为中华民族谋独立、谋复兴，建立了伟大的功勋。

八月

一

壬寅日

星期五

王羲之《集字圣教序》

建军节　中伏第三天		
农历闰六月 共二十九天	初八	七日立秋 癸未月
末候	大雨时行	三十六候

龙泉青瓷传统烧制技艺

2009 年，龙泉青瓷传统烧制技艺入选联合国教科文组织《人类非物质文化遗产代表作名录》。

龙泉青瓷传统烧制技艺是一种集制作性、技能性和艺术性于一身的传统技艺，至今已有 1700 余年的历史。该技艺包括原料的粉碎、淘洗、陈腐和练泥，器物的成型、晾干、修坯、装饰、素烧、上釉、装匣、装窑，以及最后在龙窑内用木柴烧成。在原料选择、釉料配制、造型制作、窑温控制方面，均具有独特技艺。龙泉青瓷烧制技艺服务人类生活，所烧青瓷尤以“粉青”“梅子青”厚釉瓷广受喜爱，其釉色如玉、古朴淡雅，是中国古典审美情趣的表现。

发行时间 1998 年 10 月 13 日

志号 1998–22

票名 中国陶瓷——龙泉窑瓷器

图名 （4–1）北宋 · 五管瓶

设计者 王虎鸣、任宇

龙泉市位于浙江省西南部，以出产青瓷著称。邮票画面展示的是北宋时期龙泉窑生产的一件瓷器“五管瓶”，釉色呈淡青色，瓶盖为三层结构，直口、圆肩、深腹、肩缘安装荷茎状的五管，整体结构造型生动，雕刻精细，证明北宋中晚期龙泉窑的烧制技术已经达到较高水平。

八月

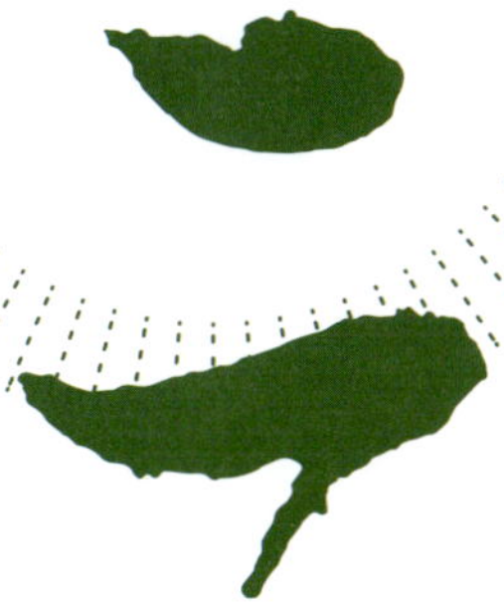

怀素《秋兴八首》

癸卯日

星期六

中伏第四天		
共一十九天 农历闰六月	初九	癸未月 七日立秋
末候	大雨时行	三十六候

发行时间	1998 年 10 月 13 日
志号	1998–22
票名	中国陶瓷——龙泉窑瓷器
图名	（4–2）南宋·凤耳瓶
设计者	王虎鸣、任宇

龙泉窑始于魏晋，北宋时初具规模，南宋中晚期达到鼎盛，是中国众多瓷窑中制瓷历史最长的一个。传统龙泉窑中的哥窑与官、汝、定、钧等窑并称为宋代五大名窑。邮票画面展现了南宋时期龙泉窑生产的“凤耳瓶”，浅盘口，筒形长颈，颈两侧装凤耳，施豆青色釉，造型典雅大方，光泽柔和，青翠如玉，为龙泉窑瓷器中的珍品。

八月

三

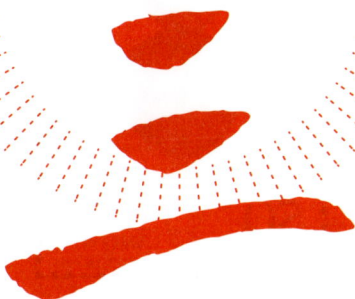

甲辰日

星期日

王献之《淳化阁帖》

中伏第五天		
农历闰六月 共二十九天	初十	癸未月 七日立秋
末候	大雨时行	三十六候

发行时间	1998 年 10 月 13 日
志号	1998–22
票名	中国陶瓷——龙泉窑瓷器
图名	（4–3）元·葫芦瓶
设计者	王虎鸣、任宇

龙泉青瓷工艺流程由八个环节组成，其中施釉和烧成两个环节极富特色。南宋至元代前期，龙泉窑曾烧制薄胎原釉器物，施一层釉烧一次，最厚可达十余层。邮票画面展现了元代龙泉窑生产的“葫芦瓶”。该瓶由两截黏合而成，其形为上小下大的束腰式葫芦，造型新颖别致，外底有两层装饰，圈足无釉。

八月

乙巳日

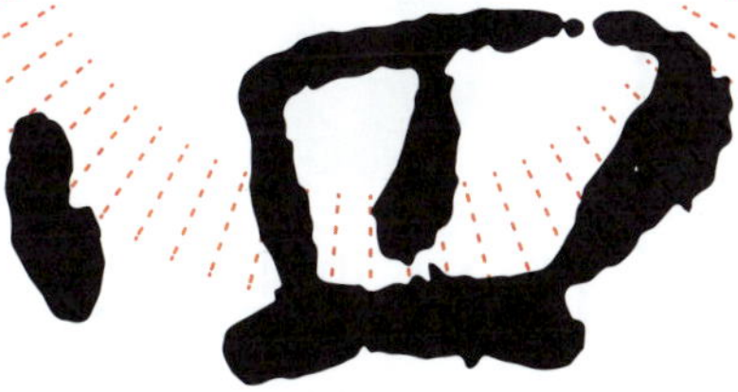

星期一

唐太宗《晋祠铭》

中伏第六天		
共二十九天 农历闰六月	十一	癸未月 七日立秋
末候	大雨时行	三十六候

发行时间	1998 年 10 月 13 日
志号	1998–22
票名	中国陶瓷——龙泉窑瓷器
图名	（4–4）明 · 刻花三果执壶
设计者	王虎鸣、任宇

龙泉青瓷以其色泽澄青、晶莹如玉、造型古朴、工艺精湛，在瓷器领域独领风骚，被誉为“瓷海明珠”。邮票画面展现了明代龙泉窑生产的“刻花三果执壶”。此壶为盛酒用具，弯曲的壶嘴配以圆润的曲柄，与壶颈以云形横片相连，造型匀称美观。

八月

五

丙午日

星期二

欧阳询《九成宫醴泉铭》

中伏第七天		
共二十九天 农历闰六月	十二	癸未月 七日立秋
末候	大雨时行	三十六候

宣纸传统制作技艺

2009 年，宣纸传统制作技艺入选联合国教科文组织《人类非物质文化遗产代表作名录》。

造纸术是中国古代伟大的发明。宣纸作为传统手工纸的杰出代表，具有质地绵韧、不蛀不腐等特点，自唐代以来一直是书法、绘画及典籍印刷的最佳载体。宣纸传统制作技艺有 108 道工序，对水质、原料制备、器具制作、工艺把握都有严格要求。这一技艺经口传心授，世代相传，不断改进，并与多种文化元素相结合，对中华民族文化的传承具有深远影响。

发行时间	2006 年 9 月 10 日
志号	2006–23
票名	文房四宝
图名	（4–3）纸
设计者	王虎鸣

宣纸是中国传统的手工书画用纸，文房四宝之一。宣纸产于安徽宣城一带，以青檀树皮为主料，质地柔韧、洁白细腻、墨晕清晰、百折无损、不蛀不腐，故有“纸中之王”的美称。邮票画面选用“仿金粟山藏经纸”《十竹斋笺谱》和《天工开物》中记载造纸术的页面，表现我国古代造纸成就，前景中半开的古铜色的纸展现出一种岁月的沧桑。

八月

丁未日

六

星期三

《西岳华山庙碑》

中伏第八天		
共二十九天 农历闰六月	十三	癸未月 明日立秋
末候	大雨时行	三十六候

秋风忽袅袅，向夕引凉归。
浮阴即染浪，清气始乘衣。
——南北朝·萧纲《初秋诗》

发行时间	2018 年 8 月 7 日
志号	2018–21
票名	二十四节气（三）
图名	（6–1）立秋
设计者	刘金贵、王虎鸣

立秋又称交秋，一般在每年公历 8 月 7 日至 9 日之间，虽然一时暑气难消，还有“秋老虎”的余威，但从总体趋势来看，天气逐渐转凉。在一些地区有立秋这天吃西瓜的习俗，叫作“咬秋”，寓意炎炎盛夏难耐，忽逢立秋，将其咬住不放。立秋节气，为了弥补炎炎“苦夏”所造成的身体消瘦，人们通常吃味厚的美食佳肴来进补，民间称之为“贴秋膘”。

立秋，七月节。立字解见春。秋，揫也，物于此而揫敛也。

——元 · 吴澄《月令七十二候集解》

凡物之然也，必有故。而不知其故，虽当，与不知同，其卒必困。

——《吕氏春秋 · 季秋纪 · 审己》

七日

八月

立秋

星期四

戊申日

中伏第九天		
共二十九天 农历闰六月	十四	甲申月 今日立秋
初候	凉风至	三十七候

西安鼓乐

2009 年，西安鼓乐入选联合国教科文组织《人类非物质文化遗产代表作名录》。

西安鼓乐是中国传统器乐文化的典型代表之一，千百年来流传在陕西西安及周边地区。它严格继承唐宋音乐，乐曲结构形式庞大，风格典雅，乐队编制有敲击乐器与旋律乐器，演奏形式分为坐乐和行乐。现存 1100 余首曲目中包含部分与唐代大曲、唐宋燕乐曲、教坊大曲等唐宋音乐同名曲目，且至今仍使用着唐宋时期俗字谱的记写方式。西安鼓乐是中国古代音乐的重要遗存，对研究中国传统音乐有着极高的学术价值。

发行时间	1997 年 10 月 24 日
志号	1997–19
票名	西安城墙
图名	（4–1）瓮城
设计者	郭线庐

西安，古称长安，为我国古都之一，现存的西安城墙是我国保存完整的大型城垣之一。邮票画面展现了西安城墙中瓮城的外观景象，采用大广角的视角，既展示了这座建筑的全貌，也表现出了其重要的军事作用。

八月

己酉日

星期五

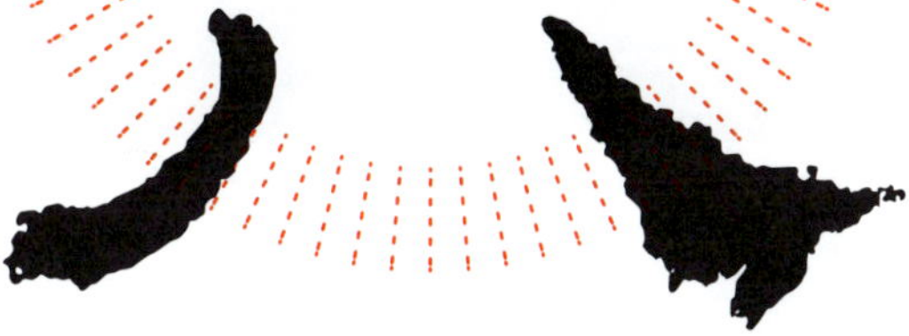

《乙瑛碑》

中伏第十天		
农历闰六月 共二十九天	十五	廿三日处暑 甲申月
初候	凉风至	三十七候

发行时间	1997 年 10 月 24 日
志号	1997–19
票名	西安城墙
图名	（4–2）箭楼
设计者	郭线庐

西安城墙中的箭楼坐落于瓮城城墙外侧之上，为二层的砖木结构，正面的箭窗供打仗时瞭望、射击使用，是对外作战的主要建筑，也是四座城门的门户。邮票画面展现了箭楼挺拔、巍峨的雄姿。

八月

九

庚戌日

星期六

《孙秋生造像记》

末伏第一天		
农历闰六月 共二十九天	十六	甲申月 廿三日处暑
初候	凉风至	三十七候

发行时间	1997 年 10 月 24 日
志号	1997–19
票名	西安城墙
图名	（4–3）敌台
设计者	郭线庐

沿西安城墙的外侧，每隔 120 米便有一个向外突出的实心台，称为“敌台”，俗称“马面”。敌台上有敌楼，既可供守城将士休息，又能观察敌人动态。邮票画面中敌台半遮在城墙一侧，鲜明地表现出西安城墙中敌台的威武姿态。

八月

十

辛亥日

星期日

褚遂良《雁塔圣教序》

末伏第二天		
农历闰六月 共二十九天	十七	甲申月 廿三日处暑
初候	凉风至	三十七候

发行时间	1997 年 10 月 24 日
志号	1997–19
票名	西安城墙
图名	（4–4）角台
设计者	郭线庐

邮票画面展现了西安城墙西南角角台的形象，同时表现了与角台相连接的城墙、墙体建筑中的敌台造型及西门城楼的剪影，配以夕阳温暖的色调，展现出西南角角台独特的圆形形态。

八月

十二

壬子日

星期一

王羲之《集字圣教序》

末伏第三天		
共二十九天 农历闰六月	十八	甲申月 廿三日处暑
初候	凉风至	三十七候

粤剧

2009 年，粤剧入选联合国教科文组织《人类非物质文化遗产代表作名录》。

粤剧是用粤语演唱的戏曲剧种，有 300 余年历史。它吸纳了多元的音乐、戏剧元素，将梆子、二簧声腔与粤方言音韵进行结合，创造性地拓展了中国戏曲的艺术表现，成为中国南北戏曲艺术的集大成者。作为粤方言区最具影响力和海外最具代表性的中国戏曲剧种，粤剧以多样而独特的演剧形式，渗透在岭南的传统和现代生活中，成为文化认同和文化交流的重要媒介。

发行时间 2017 年 10 月 15 日

志号 2017–25

票名 粤剧

图名 （3–1）香花山大贺寿

设计者 张旺

粤剧主要流行于广东全省、广西南部和香港、澳门等地，被誉为“南国红豆”。邮票画面表现的是粤剧传统例戏《香花山大贺寿》的场景，这是一个讲述天上众仙给观音贺寿的神话剧，充满吉庆色彩，包含大量鲜明广府特色的唱做程式、锣鼓音乐和南派武技。

八月

十二

癸丑日

星期二

虞世南《孔子庙堂碑》

末伏第四天		
农历闰六月 共二十九天	十九	甲申月 廿三日处暑
次候	白露降	三十八候

发行时间	2017 年 10 月 15 日
志号	2017–25
票名	粤剧
图名	（3–2）六国大封相
设计者	张旺

粤剧的基本声腔为“梆簧”，并保留有弋阳腔与昆山腔的部分曲牌，以及南音、粤讴、木鱼、龙舟、板眼等广东民间说唱的曲调和民歌、乐曲、时代曲、小调等民间小曲。邮票画面表现的是粤剧传统例戏《六国大封相》的场景，这部戏讲述了战国时期，苏秦游说六国联合抵抗强秦，并任六国之相的故事。

八月

十三

甲寅日

星期三

王羲之《澄清堂帖》

末伏第五天		
共二十九天 农历闰六月	廿	甲申月 廿三日处暑
次候	白露降	三十八候

发行时间	2017 年 10 月 15 日
志号	2017–25
票名	粤剧
图名	（3–3）玉皇登殿
设计者	张旺

粤剧原有生、旦、净、末、丑、外、小、夫、贴、杂十大行当，后精简为文武生、小生、正印花旦、二帮花旦、丑生、武生六类，其表演带有质朴粗犷的特色。邮票画面表现的是粤剧传统例戏《玉皇登殿》的场景，这部戏讲述了天上各星官稽查日间诸事并向玉皇大帝禀告的故事，唱腔均为高昆牌子，此戏程式表演比较丰富和独特，具有古朴、严谨、规范的特色。

八月

十四

乙卯日

星期四

欧阳询《九成宫醴泉铭》

末伏第六天		
农历闰六月 共二十九天	廿一	甲申月 廿三日处暑
次候	白露降	三十八候

麦西热甫

2010 年，麦西热甫入选联合国教科文组织《急需保护的非物质文化遗产名录》。

麦西热甫是古代维吾尔先民祭祀、祈福、庆典活动的遗存和发展。完整的麦西热甫活动包括一系列丰富的习俗和表演艺术，如音乐、舞蹈、戏剧、民间艺术、杂技、口头文学、饮食及游戏等。其中，群众性的自娱舞蹈是最主要的内容，参与者少则十几人，多则成百上千人，其舞蹈动作无统一规定，多欢快热烈，自由向上。维吾尔木卡姆是麦西热甫活动中最综合的艺术形式，它将歌唱、舞蹈和娱乐融合在一起，具有鲜明的民族特色和强烈的感染力。

发行时间	1999 年 10 月 1 日
志号	1999–11
票名	中华人民共和国成立五十周年 ——民族大团结
图名	（56–5）维吾尔族
设计者	周秀青、金向

“麦西热甫”一词源自阿拉伯语，意为“聚会”。新疆各地都有自己的麦西热甫，形式大同小异，分别冠以“刀郎”“阔克”“塔合”等名称，各具特色。邮票画面描绘了维吾尔族手鼓舞的动作造型。

八月

十五

丙辰日

星期五

米芾《草书九帖》

末伏第七天		
农历闰六月 共二十九天	廿二	廿三日处暑 甲申月
次候	白露降	三十八候

1945年8月15日，日本宣布无条件投降。

发行时间	2005 年 10 月 1 日
志号	2005–21
票名	新疆维吾尔自治区成立五十周年
图名	（3–1）迎新曲
设计者	刘秉江

麦西热甫按表演内容可分为客厅麦西热甫、迎宾麦西热甫和丰收麦西热甫。邮票画面上，身穿节日盛装的新疆人民敲着手鼓，弹着冬不拉，载歌载舞，尽情地表达着对美好生活的憧憬和信心。

八月

十六

丁巳日

星期六

褚遂良《孟法师碑》

末伏第八天		
共二十九天 农历闰六月	廿三	甲申月 廿三日处暑
次候	白露降	三十八候

发行时间	2005 年 10 月 1 日
志号	2005–21
票名	新疆维吾尔自治区成立五十周年
图名	（3–2）欢庆颂
设计者	刘秉江

麦西热甫名目繁多，可按表演形式分为歌舞麦西热甫、游戏麦西热甫、说唱麦西热甫等。邮票画面中，穿着民族服装的舞者，跳着具有新疆特色的民族舞蹈，仿佛在踏着同一个节拍，尽情舞动着前进，洋溢着浓厚的喜庆氛围。

八月

十七

戊午日

星期日

《曹全碑》

末伏第九天		
农历闰六月 共二十九天	廿四	廿三日处暑 甲申月
末候	寒蝉鸣	三十九候

发行时间	2005 年 10 月 1 日
志号	2005–21
票名	新疆维吾尔自治区成立五十周年
图名	（3–3）丰收歌
设计者	刘秉江

新疆维吾尔自治区的成立进一步推动了包括麦西热甫在内的新疆各民族文化事业的发展。邮票画面中身穿各具特色的民族服装的女子，迈着欢快的舞步，捧着采摘回来的香甜瓜果，享受着丰收的喜悦。

八月

十六

己未日

星期一

褚遂良《雁塔圣教序》

末伏第十天		
共二十九天 农历闰六月	廿五	甲申月 廿三日处暑
末候	寒蝉鸣	三十九候

发行时间 2020 年 8 月 19 日

志号 2020–18M

票名 华佗（小型张）

图名 华佗像

设计者 高云

广大医务工作者是人民健康的守护者，是推动卫生健康事业发展的重要力量。2025 年 8 月 19 日是第八个中国医师节。邮票画面表现的是东汉名医华佗撰写医书的场景。华佗一生不求名利、不慕富贵，把全部精力投入医术的研究，他发明了“麻沸散”，擅长外科手术，创编了强身健体的“五禽戏”。

八月

十九

庚申日

星期二

《说文解字》

中国医师节 出伏		
农历闰六月 共二十九天	廿六	甲申月 廿三日处暑
末候	寒蝉鸣	三十九候

中国水密隔舱福船制造技艺

2010 年，中国水密隔舱福船制造技艺入选联合国教科文组织《急需保护的非物质文化遗产名录》。

水密隔舱福船制造以樟木、松木和杉木为主要材料，采用榫接、艌缝等核心技艺，发展于我国福建省。应用该技艺的船只即使在航行途中一两个船舱偶然受损，海水也不会涌进其他船舱，而船也会继续漂浮，使具备水密隔舱的海轮建造成为可能。水密隔舱不仅具备丰富的文化背景，对于传统民间手工技艺的保留与发展也具有一定的历史研究价值。

发行时间 2001 年 11 月 8 日

志号 2001–23

票名 古代帆船（中国—葡萄牙联合发行）

图名 （2–1）中国古代帆船

设计者 维克多·桑多斯（葡萄牙）
卡罗斯·雷塔欧（葡萄牙）

中国是有悠久造船航海史的国家，我国成熟的水密隔舱福船制造技艺最晚不迟于唐代出现，它既提高了传统帆船的抗沉性，同时也让中国古代帆船采用多桅多帆技术成为可能，为海上贸易提供了强大的技术支持。邮票画面中是一艘 13 世纪的中国宋代海船，也是一艘传统的多桅多帆帆船，它展现了当时中国先进的造船技术。

八月

辛酉日

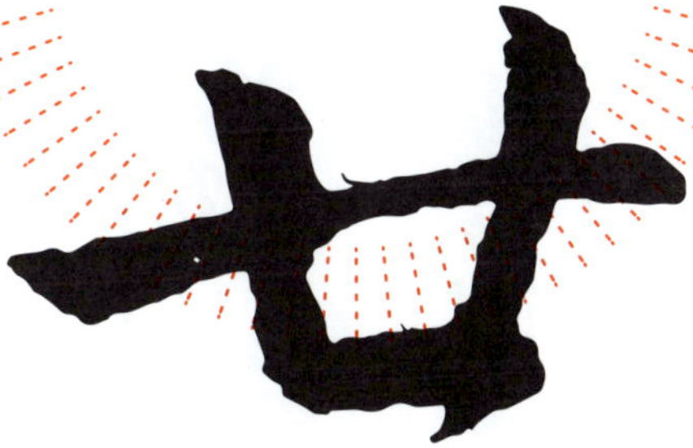

星期三

王羲之《澄清堂帖》

农历闰六月 共二十九天	廿七	甲申月 廿三日处暑
末候	寒蝉鸣	三十九候

发行时间	1985 年 7 月 11 日
志号	J.113
票名	郑和下西洋五八〇周年
图名	（4–3）贸易与文化交流
设计者	李大玮

邮票画面近处是阿拉伯朋友在欣赏中国使者带去的丝绸、瓷器，中间是两国人民在进行亲切交谈，远处是郑和的宝船，而这艘多桅多帆帆船是当时远航常用的船型，既展现出基于中国古代造船技术的航海发展，也寓意中国对外贸易和文化交流源远流长。

八月

廿二

壬戌日

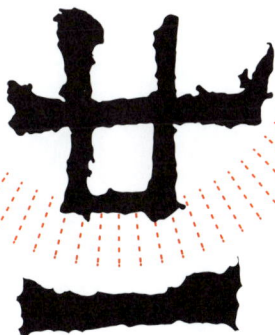

星期四

《爨宝子碑》

共一十九天 农历闰六月	廿八	甲申月 廿三日处暑
末候	寒蝉鸣	三十九候

发行时间 1985 年 7 月 11 日

志号 J.113

票名 郑和下西洋五八〇周年

图名 （4–4）航海史上的壮举

设计者 李大玮

郑和的远航促进了中国与亚非各国的经济和文化交流。邮票画面描绘了郑和船队圆满完成任务后，同非洲人民依依惜别的情景。

八月

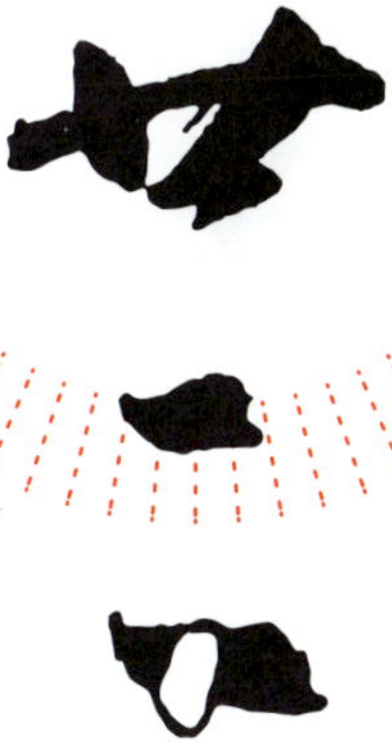

癸亥日

星期五

王羲之《大观帖》

共二十九天 农历闰六月	廿九	甲申月 明日处暑
末候	寒蝉鸣	三十九候

处暑无三日，新凉直万金。
白头更世事，青草印禅心。
——南宋·苏泂《长江二首》（其二）

发行时间	2018 年 8 月 7 日
志号	2018–21
票名	二十四节气（三）
图名	（6–2）处暑
设计者	刘金贵、王虎鸣

处暑一般在每年公历 8 月 22 日或 23 日，夏天的暑气逐渐消退，但天气还未出现真正意义上的秋凉，此时晴天下午的温度不亚于暑夏之季。人体经过了整个炎热的夏季，热积体内，而鸭肉味甘性凉，食之有利于排出郁积的湿热。因此，民间有处暑吃鸭子的习俗。

处暑，七月中。处，止也，暑气至此而止矣。

——元 · 吴澄《月令七十二候集解》

同声相应，同气相求；事事相关，物物相应；远取诸物，近取诸身，其大无外，其小无内。

——《易经》等古籍

七月新秋风露早，渚莲尚拆庭梧老。

——北宋 · 欧阳修《渔家傲》

廿三日 星期六

八月

處暑

甲子日

兰秋 农历七月 共三十天	初一	今日处暑 甲申月
初候	鹰乃祭鸟	四十候

【七月兰花】

广殿轻香发，高台远吹吟。

（唐·李峤《兰》）

发行时间	2005 年 6 月 28 日
志号	2005–13
票名	郑和下西洋 600 周年
图名	（3–3）科学航海
设计者	崔彦伟

邮票画面采用了明代水罗盘及郑和下西洋所绘《牵星过洋图》。罗盘是一种指示方位的仪器，是郑和能够完成下西洋的重要条件之一。《牵星过洋图》共 4 幅，是 15 世纪留下的唯一一部包括亚、非两大洲在内的航海图，是我国最早能够独立指导航海的地图，也是世界上现存最早的航海地图。邮票以《牵星过洋图》为背景，具体刻画了水罗盘的形象，真实地表现出当时中国在航海事业上的科技水平。

八月

廿四

乙丑日

星期日

《乙瑛碑》

农历七月 共三十天	初二	七日白露 甲申月
初候	鹰乃祭鸟	四十候

发行时间	2005 年 6 月 28 日
志号	2005–13M
票名	郑和下西洋 600 周年（小型张）
图名	郑和下西洋 600 周年
设计者	崔彦伟

郑和是中国历史上最杰出的航海家，从明代永乐三年（1405 年）到宣德八年（1433 年），郑和先后率领庞大船队七下西洋，航海足迹遍及亚、非 30 多个国家和地区。小型张满幅画面中彩带飘扬的船队浩浩荡荡、气势雄伟，表现出郑和下西洋的壮观景象。

八月

廿五

丙寅日

星期一

王羲之《澄清堂帖》

农历七月 共三十天	初三	甲申月 七日白露
初候	鹰乃祭鸟	四十候

中国活字印刷术

2010 年，中国活字印刷术入选联合国教科文组织《急需保护的非物质文化遗产名录》。

中国的活字印刷术是世界上古老的印刷技术之一，其优点在于排印灵活、速度快、价格低，活字还可以出借使用。浙江瑞安至今依然使用着这门古老的技艺来编印谱牒。男性经过训练完成汉字的刻划，经过刻字、捡字、排字等程序后进行印刷，女性则承担裁纸和装订的工作，直到完成宗谱的印刷。现今仍在使用的活字印刷术将中国古代活字印刷术的样貌完整地呈现在我们面前，具有重大的历史人文价值。

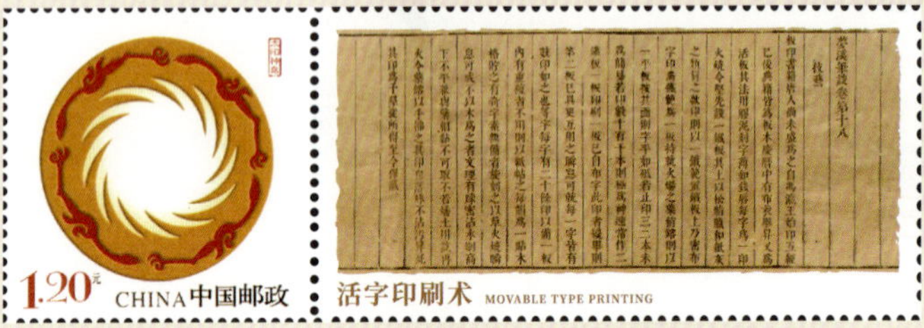

票名　中国古代重要科技发明创造
——活字印刷术（个性化邮票）

设计者　王虎鸣（主图《太阳神鸟》）
张庆锋、张泮俭（附票）

活字印刷术是中国古代四大发明之一，宋仁宗庆历年间（1041—1048），毕昇在雕版印刷的基础上，用胶泥做成一个个规格一致的毛坯，在一面刻上反体单字，用火烧硬，成为单个的胶泥活字。印制时按照稿件把单字挑出排列在字盘内涂墨印刷，印完后再将字模拆出，留待下次排印时再次使用。毕昇发明的泥活字，是活字的开端，元代出现了木活字，后世又出现各种金属活字，活字印刷得以推广。

八月

廿六

丁卯日

星期二

颜真卿《建中告身帖》

共三十天 农历七月	初四	甲申月 七日白露
初候	鹰乃祭鸟	四十候

中医针灸

2010 年，中医针灸入选联合国教科文组织《人类非物质文化遗产代表作名录》。

中医药作为中华民族原创的医学科学，从宏观、系统、整体角度揭示人的健康和疾病的发生发展规律，体现出中华民族的认知方式，深深地融入民众的生产生活实践中，形成了独具特色的健康文化和实践，成为人们治病祛疾、强身健体、延年益寿的重要手段，维护着民众健康。在中医干预中，针灸作为一种非药物疗法，同药物治疗相辅相成。针灸理论认为，人体如同一个由各种经络连接起来运行的小宇宙，通过物理方式刺激经络，可以促进人体的自我调节，使病人康复。刺激方法包括用艾绒点灸或用针刺穴位，帮助身体重新恢复平衡，进而达到预防和治疗疾病的目的。目前，针灸除在中国得到广泛应用之外，在东南亚、欧洲和美洲等地区也有实践。

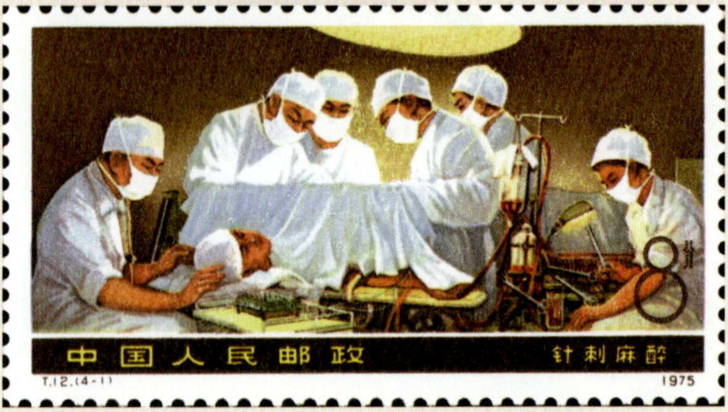

发行时间 1976 年 4 月 9 日

志号 T.12

票名 医疗卫生科学新成就

图名 （4–1）针刺麻醉

设计者 孙传哲

针刺麻醉简称“针麻”，源于传统的经络学说和古代针刺镇痛疗法，医生用银针刺激病人身体部分穴位，以达到麻醉的作用。1958 年，中国现代医学界首先试验成功针刺麻醉。1971 年，针刺麻醉开始传到国外，不少国家相继在临床上试用，并取得初步成功。邮票画面描绘了医务人员使用针刺麻醉进行手术的情景。

八月

廿七

戊辰日

星期三

郑道昭《郑文公下碑》

农历七月 共三十天	初五	甲申月 七日白露
初候	鹰乃祭鸟	四十候

发行时间	1976 年 4 月 9 日
志号	T.12
票名	医疗卫生科学新成就
图名	（4–4）中西医结合针拨术治疗白内障
设计者	孙传哲

中西医结合针拨术治疗白内障的方法称为“针拨内障”，是在中国古代“金针拨内障”的基础上，整理提高的一种手术方法。邮票图案由两个部分组成：左后方描绘了二十世纪七十年代医务人员采用中西医结合针拨术治疗白内障的场景，右前方描绘了患者视觉恢复之后的情景。

八月

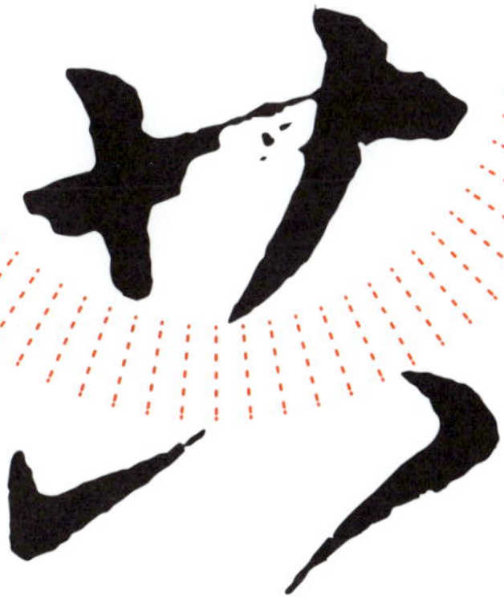

己巳日

星期四

王羲之《淳化阁帖》

共三十天 农历七月	初六	甲申月 七日白露
次候	天地始肃	四十一候

发行时间	2012 年 8 月 31 日
志号	2012–23
票名	宋词
图名	（6–3）秦观《鹊桥仙》
设计者	高云

农历七月初七晚俗称七夕，这天称七夕节，又称乞巧节、少女节等，是中国传统节日。传说牛郎与织女每年此时要在鹊桥相会，因此七夕也被视作中国的情人节。此枚邮票表现了牛郎织女鹊桥相会的情景，左侧是宋代词人秦观的《鹊桥仙》：“纤云弄巧，飞星传恨，银汉迢迢暗度。金风玉露一相逢，便胜却人间无数。柔情似水，佳期如梦，忍顾鹊桥归路。两情若是久长时，又岂在朝朝暮暮。”

八月

廿九

庚午日

星期五

王献之《廿九日帖》

七夕		
农历七月 共三十天	初七	甲申月 七日白露
次候	天地始肃	四十一候

发行时间	2010 年 11 月 20 日
志号	2010–28
票名	中医药堂
图名	（4–1）同仁堂
设计者	李晨

同仁堂是我国中药行业的老字号，于清康熙八年（1669 年）由乐显扬创办。同仁堂以“制药一丝不苟，卖药货真价实”为宗旨，收集宫廷秘方、历代古方和民间验方，集合了中药方剂的精华。自制名药主要有牛黄清心丸、乌鸡白凤丸、大活络丹等。邮票画面表现了制药器具、针灸治疗和店堂看病的场景，其上方有“同仁堂”牌匾，背景为“同仁堂”店铺外景。

八月

廿

辛未日

星期六

《中岳嵩高灵庙碑》

农历七月 共三十天	初八	七日白露 甲申月
次候	天地始肃	四十一候

发行时间	2010 年 11 月 20 日
志号	2010–28
票名	中医药堂
图名	（4–2）胡庆余堂
设计者	李晨

胡庆余堂由胡雪岩于清同治十三年（1874 年）创立，是我国规模较大、创设较早的著名国药店，有“江南药王”之誉。胡庆余堂以“戒欺”为训，强调诚信经营，以南宋官办“太平惠民和济药局”局方、传统方、名医验方和秘方为基础，生产丸、散、膏、丹、油、酒等剂型数百种。邮票画面表现了胡庆余堂制药工具、药品包装纸（局部）和作坊制药的场景。

八月

廿一

壬申日

星期日

《石门铭》

农历七月 共三十天	初九	甲申月 七日白露
次候	天地始肃	四十一候

发行时间	2001 年 12 月 5 日
志号	2001–26
票名	民间传说——许仙与白娘子
图名	（4–4）断桥相会
设计者	戴敦邦

公历二〇二五年·农历乙巳年

九

月

发行时间 2010 年 11 月 20 日

志号 2010–28

票名 中医药堂

图名 （4–3）雷允上

设计者 李晨

雷允上原称“雷诵芬堂”，清雍正十二年（1734 年）由雷大升始创于江苏苏州，发迹于上海。几百年来，雷允上继承“精选药材，虔心修和”的传统，悉遵祖传成法修合各种丸、散、膏、丹，其中六神丸最负盛名。邮票画面主要表现了雷允上店铺制药时的场景，上方有“雷允上”字样牌匾，背景是店铺外景。

九月

癸酉日

星期一

王羲之《集字圣教序》

农历七月 共三十天	初十	甲申月 七日白露
次候	天地始肃	四十一候

发行时间 2010 年 11 月 20 日

志号 2010–28

票名 中医药堂

图名 （4–4）陈李济

设计者 李晨

陈李济是中国最早的中成药厂之一，由陈体全、李升佐于明万历二十八年（1600 年）合资创办，现址位于广州市广州大道南。陈李济数百年来以广集古方、选料上乘、精心制作而驰名中外。蜡壳丸药制作工艺为其首创，为医药制剂领域带来巨大革新。邮票图案主要表现了陈李济店铺选药时的场景，上方有“陈李济”字样牌匾，背景是店铺外景。

九月

甲戌日

星期二

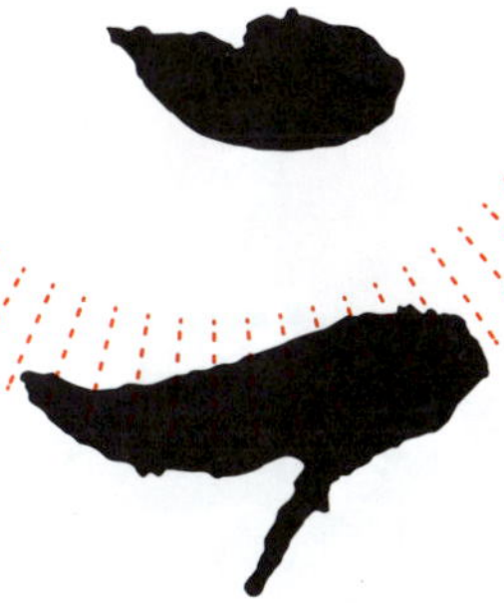

怀素《秋兴八首》

农历七月 共三十天	十一	甲申月 七日白露
末候	禾乃登	四十二候

发行时间	2015 年 9 月 3 日
志号	2015–20M
票名	中国人民抗日战争暨世界反法西斯战争胜利七十周年（小型张）
图名	中国人民抗日战争暨世界反法西斯战争胜利七十周年
设计者	于雪

1945 年 8 月 15 日，日本宣布无条件投降。9 月 2 日，日本代表在投降书上签字。签字的第二日，即 9 月 3 日，被确定为中国人民抗日战争胜利纪念日。抗日战争是近代以来中国人民反抗外敌入侵持续时间最长、规模最大、牺牲最多的民族解放斗争，也是第一次取得完全胜利的民族解放斗争。

九月

乙亥日

星期三

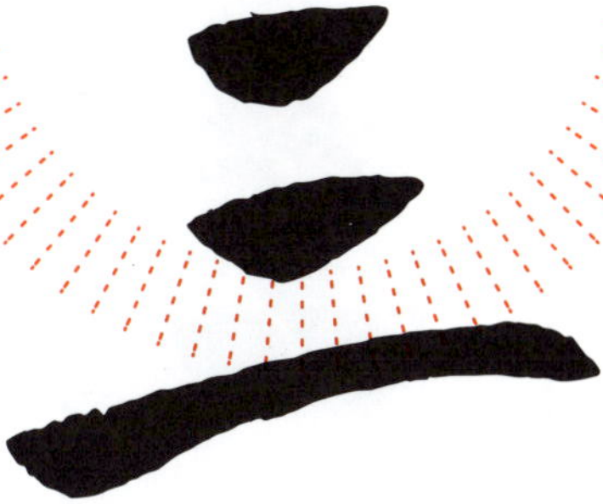

王献之《淳化阁帖》

中国人民抗日战争胜利纪念日		
农历七月 共三十天	十二	甲申月 七日白露
末候	禾乃登	四十二候

发行时间	1955 年 8 月 25 日
志号	纪 33
票名	中国古代科学家（第一组）
图名	（128）李时珍像
设计者	孙传哲
原作品作者	蒋兆和

李时珍是明代医药学家、博物学家，蕲州（今湖北蕲春）人。他自幼习儒，博览群书，看到当时有关本草的著述缺乏系统性，且多有谬误之处，便决心进行整理。经过近三十年的努力，通过参考多种书籍，并实地走访、对证、研究，李时珍终于在 1578 年完成了药物学巨著《本草纲目》，对后世中医药学的发展作出了重大贡献。

九月

丙子日

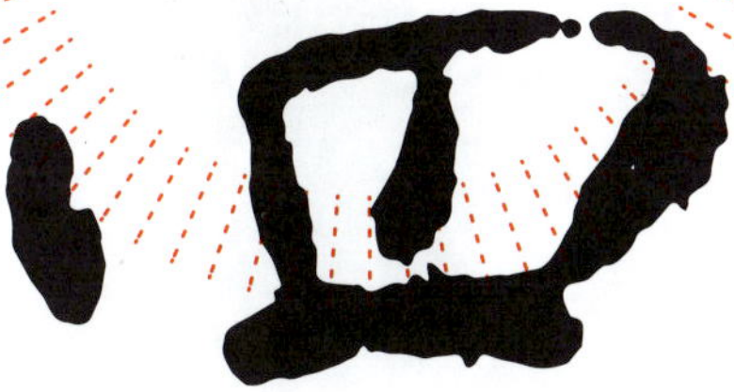

星期四

唐太宗《晋祠铭》

农历七月 共三十天	十三	七日白露 甲申月
末候	禾乃登	四十二候

发行时间	2018 年 5 月 26 日
志号	2018–13
票名	中国古代科学家及著作（一）
图名	（4–1）李时珍
设计者	李晨

李时珍出身医学世家，自幼酷爱钻研医道，医术精良，曾受聘于楚王府，掌管良医所事务，后又任职京师太医院。邮票画面中，李时珍身背斗笠，手拿药锄，正在仔细端详手中的药草。

九月

丁丑日

星期五

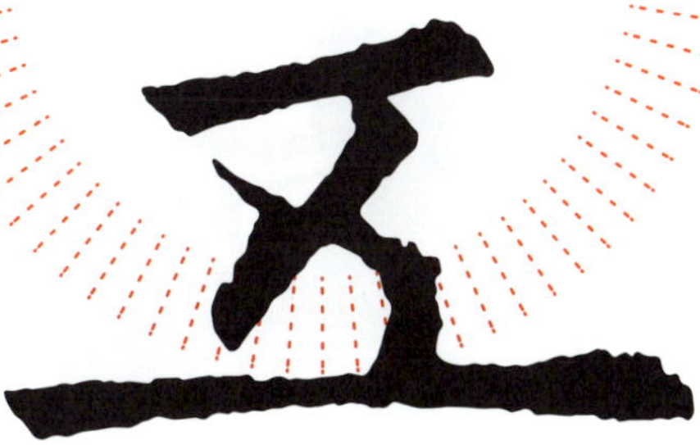

欧阳询《九成宫醴泉铭》

共三十天 农历七月	十四	甲申月 七日白露
末候	禾乃登	四十二候

发行时间	2018 年 5 月 26 日
志号	2018–13
票名	中国古代科学家及著作（一）
图名	（4–2）《本草纲目》
设计者	李晨

李时珍的《本草纲目》是我国古代药学史上篇幅最大、内容最丰富的药学著作，创新发展了中药学的理论和实践。邮票图案重点呈现了这一巨著，表现了李时珍潜心著书的辛劳。画面背景采用了金陵本《本草纲目》的序言和三七、朱砂根、千年艾、绿毛龟四种代表性药物。

九月

六

戊寅日

星期六

《西岳华山庙碑》

中元节		
农历七月 共三十天	十五	甲申月 明日白露
末候	禾乃登	四十二候

目极浮云色，心断明月晖。
芳草歇柔艳，白露催寒衣。
——唐·李白《秋夕旅怀》

发行时间	2018 年 8 月 7 日
志号	2018–21
票名	二十四节气（三）
图名	（6–3）白露
设计者	刘金贵、王虎鸣

白露一般在每年公历 9 月 7 日至 9 日之间。炎热的夏天已过，凉爽的秋天到来。节气至此，白昼尚热，可太阳一下山，气温便很快下降。夜间空气中的水汽遇冷凝结成细小的水滴，密集地附着在花草树木的茎叶和花瓣上，晶莹剔透，因而该节气得名“白露”。一提到白露，爱喝茶的人便会想到“白露茶”。白露茶既不像春茶那样鲜嫩、不经泡，也不像夏茶那样干涩味苦，而是有一种独特、甘醇的清香味，特别受品茶爱好者的青睐。

白露，八月节。秋属金，金色白，阴气渐重，露凝而白也。

——元 · 吴澄《月令七十二候集解》

官行私曲，失时悔。富不俭用，贫时悔。艺不少学，过时悔。见事不学，用时悔。醉发狂言，醒时悔。安不将息，病时悔。

——北宋 · 寇准《六悔铭》

七日

九月

白露

星期日

己卯日

农历七月 共三十天	十六	今日白露 乙酉月
初候	鸿雁来	四十三候

发行时间 1962 年 12 月 1 日

志号 纪 92

票名 中国古代科学家（第二组）

图名 （299）孙思邈像

设计者 孙传哲

孙思邈为唐代医学家，京兆华原（今陕西铜川）人。他博览经史百家学说，并一心一意钻研医学，走访名山，采集药物，为百姓治病。孙思邈总结唐以前的临床经验和医学理论，收集方药、针灸等内容，著有《千金要方》《千金翼方》，在医学上有较大贡献，后人尊他为“药王”。

九月

庚辰日

星期一

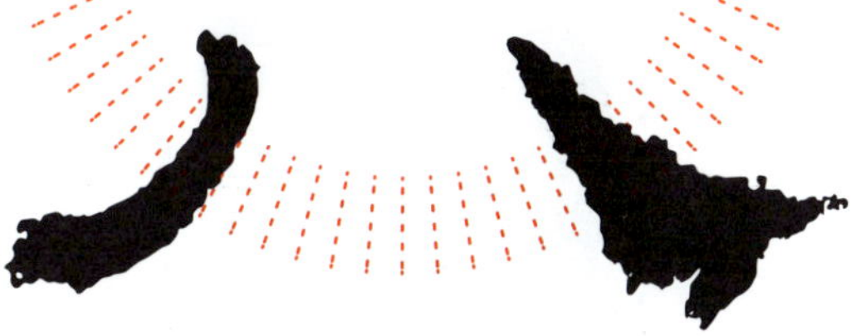

《乙瑛碑》

共三十天 农历七月	十七	乙酉月 廿三日秋分
初候	鸿雁来	四十三候

发行时间	1962 年 12 月 1 日
志号	纪 92
票名	中国古代科学家（第二组）
图名	（300）医药
设计者	孙传哲

孙思邈提出“大医精诚”理念，体现了中医对医道精微、心怀至诚、言行诚谨的追求，是关于中医医德的重要论述。邮票画面上，孙思邈手捧书稿，神情专注地望着面前那座正在焙制药品的炼药炉，仿佛从实践中又获得了新经验，准备进一步修改和丰富自己的医学著作。

九月

辛巳日

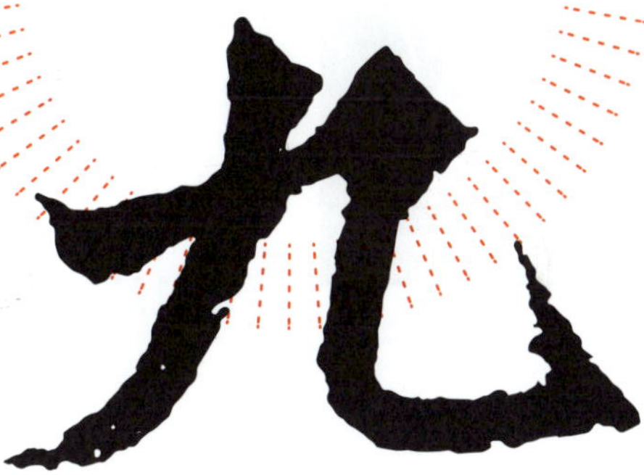

星期二

《孙秋生造像记》

共三十天 农历七月	十八	乙酉月 廿三日秋分
初候	鸿雁来	四十三候

发行时间	2014 年 9 月 10 日
志号	2014–19
票名	教师节
图名	（2–1）放飞希望 （2–2）师恩难忘
设计者	曹国伟

教师节是教师的节日。1931 年，中国教育家邰爽秋、程其保等拟定 6 月 6 日为教师节。1951 年，中华人民共和国教育部和中华全国总工会共同商定，将 5 月 1 日国际劳动节同时作为教师节。1985 年 1 月 21 日，第六届全国人大常委会第九次会议确定每年 9 月 10 日为教师节，以希望在新生入学伊始即开展尊师重教活动，为师生创造良好的教与学的气氛。

九月

壬午日

十

星期三

褚遂良《雁塔圣教序》

教师节		
农历七月 共三十天	十九	廿三日秋分 乙酉月
初候	鸿雁来	四十三候

发行时间	2002 年 8 月 20 日
志号	2002–18
票名	中国古代科学家（第四组）
图名	（4–1）扁鹊
设计者	樊景南

扁鹊，春秋战国时期医学家，原名秦越人，渤海郡鄚（今河北任丘）人。他善于诊断，尤其精通望诊和脉诊。其医术高明，既能施针砭，又能用汤熨，因而《史记》推崇他“为方者宗”。邮票图案采用阴刻的手法，刻画出扁鹊的肖像。

九月

癸未日

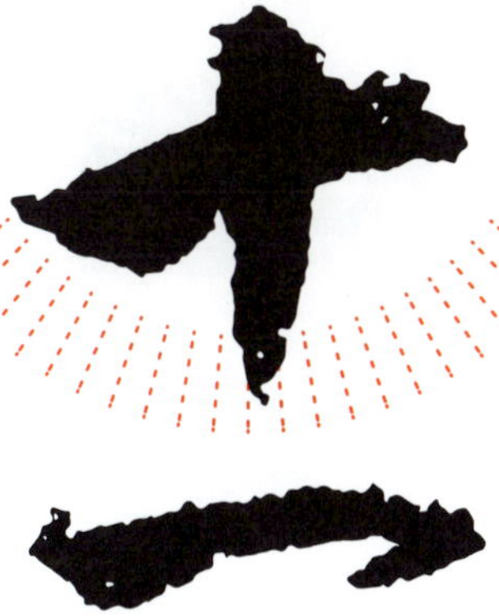

星期四

王羲之《集字圣教序》

共三十天 农历七月	廿	乙酉月 廿三日秋分
初候	鸿雁来	四十三候

发行时间	2022 年 10 月 22 日
志号	2022–24
票名	张仲景
图名	（2–1）坐堂行医
设计者	刘金贵

张仲景，即张机，东汉末年医学家，南阳（今河南南阳）人，汉灵帝时曾举孝廉，官至长沙太守。张仲景勤求古训，博采众方，撰成《伤寒杂病论》，为中医药发展奠定了基础，被后世尊称为“医圣”。邮票画面表现了张仲景任长沙太守时，开放公堂为百姓治病的场景。

九月

十二

甲申日

星期五

虞世南《孔子庙堂碑》

农历七月 共三十天	廿一	乙酉月 廿三日秋分
次候	元鸟归	四十四候

发行时间	2022 年 10 月 22 日
志号	2022–24
票名	张仲景
图名	（2–2）撰书立著
设计者	刘金贵

张仲景的《伤寒杂病论》熔理、法、方、药为一炉，开辩证论治之先河。邮票图案表现了张仲景编撰《伤寒杂病论》、著书研医的生动场景，画面背景使用白云阁藏本《伤寒杂病论》的序言，主题突出。

九月

十二

乙酉日

星期六

王羲之《澄清堂帖》

共三十天 农历七月	廿二	乙酉月 廿三日秋分
次候	元鸟归	四十四候

发行时间	1978 年 9 月 15 日
志号	T.30
票名	药用植物
图名	（5–1）人参
设计者	潘可明

我国是传统医药大国，中医药的研究和应用已有几千年的悠久历史。本套邮票表现的五种药用植物，既内含重要的药用功能，又具有花型、色彩等外在美的欣赏价值。邮票图案描绘的人参为多年生草本植物，其初夏开花，果实呈扁球形。中医学以加工后的干燥根部入药，有补元气、生津液等功效。

九月

十四

丙戌日

星期日

欧阳询《九成宫醴泉铭》

农历七月 共三十天	廿三	乙酉月 廿三日秋分
次候	元鸟归	四十四候

发行时间	1978 年 9 月 15 日
志号	T.30
票名	药用植物
图名	（5–2）曼陀罗
设计者	潘可明

曼陀罗属一年生有毒草本植物，茎直立，叶呈卵圆形，夏秋开花，花冠呈漏斗状。中医学以曼陀罗的叶、花和种子入药，性温、味辛，有麻醉止痛、平喘等功效。邮票图案描绘了曼陀罗的花、茎、叶形象。

九月

十五

丁亥日

星期一

米芾《草书九帖》

农历七月 共三十天	廿四	乙酉月 廿三日秋分
次候	元鸟归	四十四候

发行时间	1978 年 9 月 15 日
志号	T.30
票名	药用植物
图名	（5–3）射干
设计者	潘可明

射干属多年生草本植物，地下有根茎和多数须根，叶片呈剑形，夏季开花。中医学以射干的根茎入药，性寒、味苦，有清热解毒、消痰利咽的功效。邮票图案描绘了射干的花、茎、叶形象，并勾勒出射干的药用部位，突出了邮票主题。

九月

十六

戊子日

星期二

褚遂良《孟法师碑》

共三十天 农历七月	廿五	乙酉月 廿三日秋分
次候	元鸟归	四十四候

发行时间	1978 年 9 月 15 日
志号	T.30
票名	药用植物
图名	（5–4）桔梗
设计者	潘可明

桔梗属多年生草本植物，根肉质、圆锥形，叶卵形至卵状披针形，秋季开花，花呈钟状、蓝紫色。中医学以桔梗的根入药，性平、味辛苦，有宣肺、祛痰、排脓等功效。邮票图案描绘了桔梗的花、茎、叶形象，并采用线描手法，勾勒出桔梗的药用部位，丰富了画面的表现内容。

九月

十七

己丑日

星期三

《曹全碑》

共三十天 农历七月	廿六	乙酉月 廿三日秋分
末候	群鸟养羞	四十五候

发行时间	1978 年 9 月 15 日
志号	T.30
票名	药用植物
图名	（5–5）满山红
设计者	潘可明

满山红又称“兴安杜鹃”，半常绿灌木，叶互生、呈长椭圆形，多集生于枝顶。中医学以满山红的叶子入药，性寒、味苦，有止咳祛痰的功效。邮票图案描绘了满山红的花、茎、叶形象。

九月

十八

庚寅日

星期四

褚遂良《雁塔圣教序》

九一八事变纪念日		
共三十天 农历七月	廿七	乙酉月 廿三日秋分
末候	群鸟养羞	四十五候

发行时间 1982 年 5 月 20 日

志号 T.72

票名 药用植物（第二组）

图名 （6–1）萱草

设计者 邹建军

中医药是中国乃至世界的宝贵遗产。本套邮票为《药用植物》第二组，选取了六种药用植物，体现了科学性和艺术性的高度统一。本枚邮票图案描绘的萱草又名黄花菜、金针菜，花色呈橘红或橘黄色。我国栽培萱草已有数千年历史，其入药部分主要是根，性味甘凉，有清利湿热、凉血解毒的功效。

九月

十九

辛卯日

星期五

《说文解字》

共三十天 农历七月	廿八	乙酉月 廿三日秋分
末候	群鸟养羞	四十五候

发行时间	1982 年 5 月 20 日
志号	T.72
票名	药用植物（第二组）
图名	（6–2）贝母
设计者	邹建军

贝母为多年生草本植物，其鲜茎扁球形，叶在下部对生、上部轮生，春季开花，花呈钟状。贝母的种类很多，各种贝母都可供药用。邮票图案选用的川贝母，性微寒、味苦甘，主治虚劳久咳等症。邮票画面中，一只只钟形花朵微微下垂，内敛且富有韵味。

九月

壬辰日

廿

星期六

王羲之《澄清堂帖》

共三十天 农历七月	廿九	乙酉月 廿三日秋分
末候	群鸟养羞	四十五候

发行时间	1982 年 5 月 20 日
志号	T.72
票名	药用植物（第二组）
图名	（6–3）乌头
设计者	邹建军

乌头属毛茛科，多年生草本植物，有块根，茎直立，叶片为五角形，秋季开花。乌头产于我国中部和东部，其主根称乌头，含乌头碱，有剧毒，但经加工后毒性降低，有温经散寒、止痛等功效。邮票图案描绘了乌头的花、茎、叶形象。

九月

廿二

癸巳日

星期日

《爨宝子碑》

共三十天 农历七月	三十	乙酉月 廿三日秋分
末候	群鸟养羞	四十五候

发行时间	1982 年 5 月 20 日
志号	T.72
票名	药用植物（第二组）
图名	（6–4）百合
设计者	邹建军

百合是早春花卉，其芳香宜人，花呈喇叭型，别具姿态。百合的鳞茎供食用，可制淀粉。性微寒、味甘，有润肺止咳、清心安神的功效。邮票画面中，绽放的百合花洁白无瑕，形态优雅。

八月湖水平，涵虚混太清。

——唐·孟浩然《望洞庭湖赠张丞相》

九月

甲午日

廿二

星期一

王羲之《大观帖》

南宫 农历八月 共二十九天	初一	乙酉月 明日秋分
末候	群鸟养羞	四十五候

【八月桂花】

枝生无限月，花满自然秋。

（唐·李峤《桂》）

金气秋分，风清露冷秋期半。
凉蟾光满。桂子飘香远。
——北宋·谢逸《点绛唇·金气秋分》

发行时间	2018 年 8 月 7 日
志号	2018–21
票名	二十四节气（三）
图名	（6–4）秋分
设计者	刘金贵、王虎鸣

秋分一般为每年公历的 9 月 22 日或 23 日，我国南方地区自这一节气起才开始入秋。秋分时节，岭南地区的人们会吃一种叫“秋碧蒿”的野菜，将其与鱼片“滚汤”，名曰“秋汤”。有“秋汤灌脏，洗涤肝肠，阖家老少，平安健康”的说法。

秋分，八月中。解见春分。

——元 · 吴澄《月令七十二候集解》

着身静处观人事，放意闲中炼物情。去尽风波存止水，世间何事不能平。

——北宋 · 邵雍《天津感事二十六首》（其一）

廿三日　星期二

九月

秋分

乙未日

中国农民丰收节		
农历八月 共二十九天	初二	今日秋分 乙酉月
初候	雷始收声	四十六候

发行时间	1982 年 5 月 20 日
志号	T.72
票名	药用植物（第二组）
图名	（6–5）天南星
设计者	邹建军

天南星又称南星、虎掌草，多年生有毒草本植物，地下茎球形，掌状复叶，夏季开花。中医学以其球茎入药，性温、味苦辛，有祛风、化痰的功效。邮票图案描绘了天南星的花、茎、叶形象。

九月

廿四

丙申日

星期三

《乙瑛碑》

农历八月 共二十九天	初三	乙酉月 八日寒露
初候	雷始收声	四十六候

发行时间	1982 年 5 月 20 日
志号	T.72
票名	药用植物（第二组）
图名	（6–6）芍药
设计者	邹建军

芍药广泛分布于我国陕西、山西、河北、内蒙古等地，多年生草本植物，其地下有圆柱形或纺锤形块根，初夏开花，花大色美。中医以其块根入药，性微寒、味苦，有调理肝脾的功效。邮票画面中，盛放的芍药花容绰约，惹人喜爱。

九月

廿五

丁酉日

星期四

王羲之《澄清堂帖》

农历八月 共二十九天	初四	乙酉月 八日寒露
初候	雷始收声	四十六候

发行时间 1982 年 5 月 20 日

志号 T.72M

票名 药用植物（第二组）（小型张）

图名 鸢尾

设计者 邹建军

鸢尾又称乌鸢、扁竹、蓝蝴蝶，主要产于我国广东、广西、四川、贵州等地，性味苦、辛、寒，有小毒，有活血化瘀的功效。邮票画面中，鸢尾的花叶形态优雅，绚烂多姿，生长于顶端的花如彩蝶。

九月

廿六

戊戌日

星期五

颜真卿《建中告身帖》

农历八月 共二十九天	初五	乙酉月 八日寒露
初候	雷始收声	四十六候

发行时间	2023 年 10 月 11 日
志号	2023–20
票名	药用植物（三）
图名	（6–1）黄花蒿
设计者	余天一

中医药学包含着中华民族几千年的健康养生理念和实践经验，凝聚着中华民族的博大智慧。本套邮票为《药用植物》第三组，以科普插画的形式科学完整地展现出六种药用植物的生长状态和植物学特征。本枚邮票画面表现的黄花蒿为菊科蒿属一年生草本植物，性味苦、辛、寒，有清热截疟、解暑、凉血、退虚热等功效。我国药学家屠呦呦及其团队从中成功提取“青蒿素”，荣获 2015 年诺贝尔生理学或医学奖。

九月

廿七

己亥日

星期六

郑道昭《郑文公下碑》

世界旅游日		
农历八月 共二十九天	初六	乙酉月 八日寒露
初候	雷始收声	四十六候

发行时间	1989 年 9 月 28 日
志号	J.162M
票名	孔子诞生二千五百四十周年（小型张）
图名	孔子像
设计者	陈全胜、孙爱国

9 月 28 日是孔子诞辰纪念日。孔子，名丘，字仲尼，春秋末期鲁国人。中国古代思想家、教育家、政治家，儒家学派创始人。儒家学说涉及政治、伦理、哲学、历史、文学、宗教、教育等诸多领域，是中国传统文化的重要组成部分，在历史长河中深刻地影响着中国社会的发展与变迁。

此枚邮票画面上的孔子像，是以唐代吴道子所绘孔子像为基础，综合孔府收藏的历代所绘孔子像设计而成。

九月

庚子日

星期日

王羲之《淳化阁帖》

孔子诞辰纪念日		
共二十九天 农历八月	初七	乙酉月 八日寒露
次候	蛰虫坯户	四十七候

发行时间	2023 年 10 月 11 日
志号	2023–20
票名	药用植物（三）
图名	（6–2）忍冬
设计者	余天一

邮票图案表现的是药用植物——忍冬。忍冬为忍冬科多年生半常绿缠绕性木质藤本植物，味甘、性寒。其干燥的花蕾或刚开的花入药称“金银花”，有清热解毒、凉散风热的功效。

九月

廿九

辛丑日

星期一

王献之《廿九日帖》

共二十九天 农历八月	初八	乙酉月 八日寒露
次候	蛰虫坯户	四十七候

发行时间	2023 年 10 月 11 日
志号	2023–20
票名	药用植物（三）
图名	（6–3）三七
设计者	余天一

邮票图案表现的是药用植物——三七。三七为五加科多年生草本植物，性温，味甘苦。其根为止血良药，可散瘀止血、消肿定痛，其花能清热、平肝、降压。

九月

廿

壬寅日

星期二

《中岳嵩高灵庙碑》

中国烈士纪念日		
农历八月 共二十九天	初九	乙酉月 八日寒露
次候	蛰虫坯户	四十七候

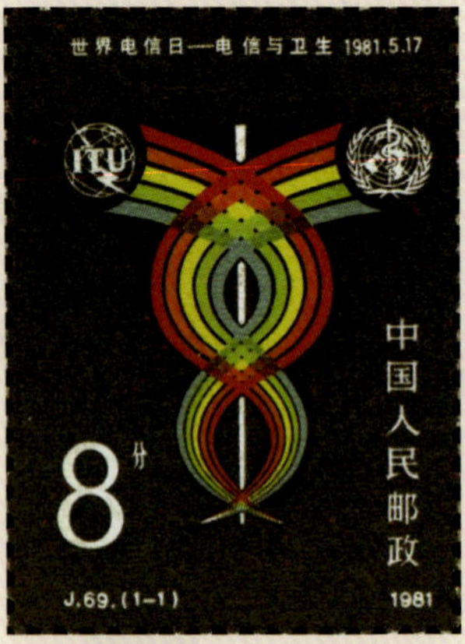

发行时间	1981 年 5 月 17 日
志号	J.69
票名	世界电信日——电信与卫生
图名	世界电信日——电信与卫生
设计者	陈晓聪

十月

发行时间	2019 年 10 月 1 日
志号	2019–23M
票名	中华人民共和国成立七十周年（小型张）
图名	祝福祖国
设计者	原艺珊

2025 年 10 月 1 日是中华人民共和国成立七十六周年纪念日。

十月

一

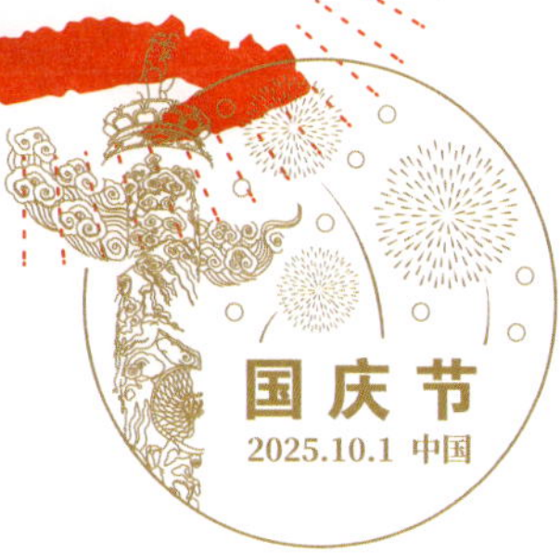

癸卯日

星期三

王羲之《集字圣教序》

国庆节		
农历八月 共二十九天	初十	乙酉月 八日寒露
次候	蛰虫坯户	四十七候

发行时间	2023 年 10 月 11 日
志号	2023–20
票名	药用植物（三）
图名	（6–4）白术
设计者	余天一

邮票画面表现的是药用植物——白术。白术为菊科苍术属多年生草本植物，性温，味苦而带甘。其根茎为补气药，可补脾健胃、燥湿化痰、利水止汗、安胎。

十月

甲辰日

星期四

怀素《秋兴八首》

共一十九天 农历八月	十一	乙酉月 八日寒露
次候	蛰虫坯户	四十七候

发行时间	2023 年 10 月 11 日
志号	2023–20
票名	药用植物（三）
图名	（6–5）连翘
设计者	余天一

邮票画面表现的是药用植物——连翘。连翘为木樨科连翘属植物，味苦、性微寒。其果入药名为“连翘”，可清热解毒，消痈散结；其种子入药名为“连翘心”，能清心火。

十月

三

乙巳日

星期五

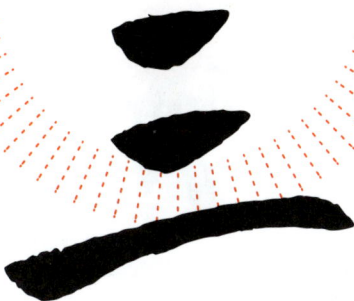

王献之《淳化阁帖》

共二十九天 农历八月	十二	乙酉月 八日寒露
末候	水始涸	四十八候

发行时间	2023 年 10 月 11 日
志号	2023-20
票名	药用植物（三）
图名	（6-6）红花
设计者	余天一

邮票画面表现的是药用植物——红花。红花为菊科一年生草本植物，味辛，性温。其花入药可活血通经、祛瘀止痛；其果实作中药称“白平子”，能活血解毒。

十月

丙午日

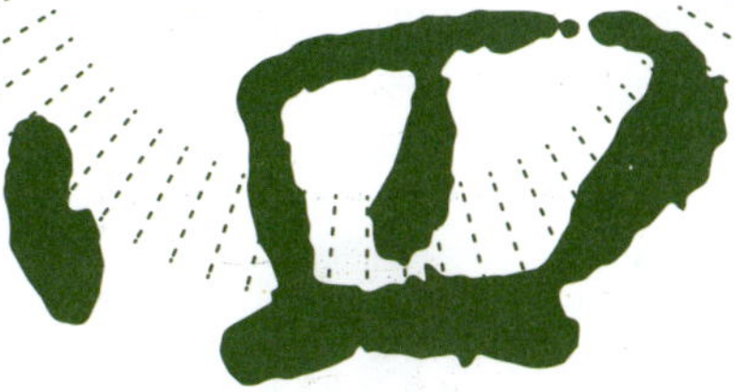

星期六

唐太宗《晋祠铭》

农历八月 共二十九天	十三	乙酉月 八日寒露
末候	水始涸	四十八候

京剧

2010 年，京剧入选联合国教科文组织《人类非物质文化遗产代表作名录》。

京剧是一种融合了唱、念、做、打的表演艺术。其唱、念主要使用北京方言，剧本则遵循一系列注重形式和韵律的严格规则而创作。各剧目讲述历史、政治、社会和生活的故事，在娱乐的同时也传递信息。京剧演员往往服饰华丽，脸谱夸张，通过简洁的符号、颜色和图案表现人物的个性与社会身份，通过既定的手、眼、身、脚动作编排来实现表演程式化与象征风格。音乐在京剧中起到关键作用，不仅可以把控演出节奏，还用以塑造人物并引导故事进展。京剧被视为中国传统社会戏曲审美理想的集大成者，并且作为中国文化遗产得到广泛认可。

发行时间	1962 年 8 月 8 日
志号	纪 94
票名	梅兰芳舞台艺术
图名	（307）梅兰芳像
设计者	孙传哲

梅兰芳，字畹华，我国戏曲表演艺术家。梅兰芳的表演风格细腻，精彩绝艳，嗓音甜美澄净，动作自然典雅，其表演风格具有现实主义和浪漫主义相结合的特征。邮票图案是梅兰芳的一幅彩墨画像和他的亲笔签名。画像中的梅兰芳身穿中山装上装，眼睛传神，突出刻画了他敦厚的性格和作为表演艺术家的神采。

十月

五

丁未日

星期日

欧阳询《九成宫醴泉铭》

共二十九天 农历八月	十四	乙酉月 八日寒露
末候	水始涸	四十八候

发行时间 2002 年 9 月 21 日

志号 2002–20

票名 中秋节

图名 （3–1）团圆

（3–2）赏月

（3–3）月为媒

设计者 于新生

中秋月。月到中秋偏皎洁。

偏皎洁，知他多少，阴晴圆缺。

——明 · 徐有贞《中秋月》

农历八月十五是中国传统节日中秋节。中秋节正值仲秋满月时节，人们在这一天的活动，例如祭月、赏月等，都围绕着天上的月亮进行。中国很早就有秋分“夕月”的祭祀活动，后世演变为中秋祭月。中秋节成为官方认定的全国性节日，约是在唐代，中秋赏月风俗在长安一带极盛。现在的中秋节，人们则是在吃月饼、赏月亮、聚会等活动中度过的。

十月

六

戊申日

星期一

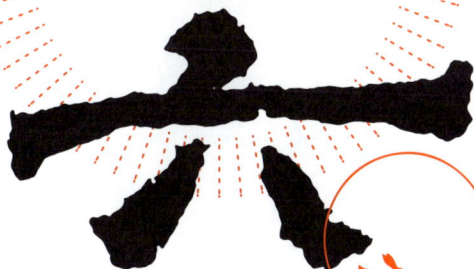

| 中 | 秋 | 节 |
2025.10.6 中国

《西岳华山庙碑》

中秋节		
农历八月 共二十九天	十五	乙酉月 八日寒露
末候	水始涸	四十八候

发行时间	1962 年 8 月 8 日
志号	纪 94
票名	梅兰芳舞台艺术
图名	（308）《抗金兵》
设计者	孙传哲

梅兰芳祖籍江苏泰州，1894 年生于北京，在其五十余年的舞台生涯中，创造了众多优美的艺术形象，发展和提高了京剧旦角的演唱和表演艺术，形成了一个具有独特风格的艺术流派，世称“梅派”。邮票图案表现的是梅兰芳在京剧《抗金兵》中扮演的梁红玉擂鼓助威的形象。

十月

七

己酉日

星期二

欧阳通《道因法师碑》

农历八月 共二十九天	十六	乙酉月 明日寒露
末候	水始涸	四十八候

寒露惊秋晚，朝看菊渐黄。
千家风扫叶，万里雁随阳。
——唐·元稹《咏廿四气诗·寒露九月节》

发行时间	2018 年 8 月 7 日
志号	2018–21
票名	二十四节气（三）
图名	（6–5）寒露
设计者	刘金贵、王虎鸣

寒露一般在每年公历 10 月 7 日至 9 日之间，标志着深秋已到。如果说白露标志着炎热向凉爽的过渡，暑气尚未完全消尽，那么寒露则是天气转凉的象征，天气由凉爽向寒冷过渡。寒露时节菊花盛开，蟹肉鲜美，持螯赏菊、赋诗填词成为古人秋日里的文雅行为。菊花是“花中四君子”之一，艳于百花凋零后，不与群芳争列，故历来被用来象征恬然自处、傲然不屈的高尚品格。

寒露，九月节。露气寒冷，将凝结也。

——元 · 吴澄《月令七十二候集解》

行为上，识为先；藏者盛，舍者得；曲为聪，止为智；忍为要，厚者成；信者无敌。

——南北朝 · 傅昭《处世悬镜》

八日

十月

寒露

星期三

庚戌日

农历八月 共二十九天	十七	今日寒露 丙戌月
初候	鸿雁来宾	四十九候

发行时间 2016 年 3 月 20 日

志号 2016–4

票名 中国邮政开办一百二十周年

图名 （4–1）信达天下

（4–2）便民服务

（4–3）速递物流

（4–4）普惠金融

设计者 邵立辰、马骥

1874 年 10 月 9 日，22 个国家的代表齐聚一堂，签署了第一个国际性的邮政条约《伯尔尼条约》，“邮政总联盟”自此诞生。随着加盟国的迅速增加，“邮政总联盟”于 1878 年更名为“万国邮政联盟”，并从 1948 年起成为联合国的一个专门机构。为纪念万国邮政联盟的创立，1969 年在日本东京召开的第 16 届万国邮政联盟大会确定每年的 10 月 9 日为“万国邮联日”。1984 年，在德国汉堡召开的第 19 届万国邮政联盟大会又将“万国邮联日”更名为“世界邮政日”。

十月

辛亥日

九

星期四

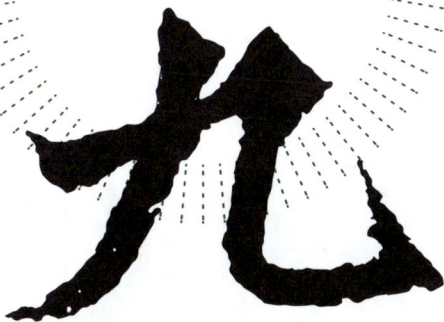

《孙秋生造像记》

世界邮政日		
农历八月 共二十九天	十八	丙戌月 廿三日霜降
初候	鸿雁来宾	四十九候

发行时间	2011 年 10 月 10 日
志号	2011-24
票名	辛亥革命一百周年
图名	（2-1）武昌起义
	（2-2）推翻帝制
设计者	李晨

1911 年 10 月 10 日，武昌城头一声枪响，拉开了中国完全意义上的近代民族民主革命的序幕。辛亥革命极大促进了中华民族的思想解放，传播了民主共和的理念，打开了中国进步潮流的闸门，撼动了封建统治秩序的根基，以巨大的震撼力和深刻的影响力推动了中国社会变革，为实现中华民族伟大复兴探索了道路。2025 年是辛亥革命一百一十四周年。

十月

壬子日

十

星期五

褚遂良《雁塔圣教序》

辛亥革命纪念日		
农历八月 共二十九天	十九	丙戌月 廿三日霜降
初候	鸿雁来宾	四十九候

发行时间　1962 年 8 月 8 日
志号　纪 94
票名　梅兰芳舞台艺术
图名　（309）《游园惊梦》
设计者　孙传哲

邮票图案表现了梅兰芳在京剧《牡丹亭》的《游园惊梦》一折中饰演的杜丽娘的形象。画面中，梅兰芳身穿色彩鲜艳的女帔，右手举扇，左袖翻起，侧身远望，突出展现了杜丽娘在“春色如许”的园林中一面看花，一面听鸟语的神情和姿态。梅兰芳以高深的艺术造诣，成功地塑造了杜丽娘所具有的大家闺秀的风度、青春少女的容光和叛逆的性格。

十月

十一

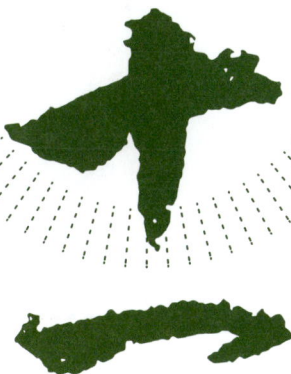

癸丑日

星期六

王羲之《集字圣教序》

农历八月 共二十九天	廿	丙戌月 廿三日霜降
初候	鸿雁来宾	四十九候

发行时间	1962 年 8 月 8 日
志号	纪 94
票名	梅兰芳舞台艺术
图名	（310）《霸王别姬》
设计者	孙传哲

1922 年，梅兰芳和杨小楼合作演出了京剧《霸王别姬》。邮票图案展现的是梅兰芳在《霸王别姬》中饰演虞姬舞“双剑穿梭”式子的形象。戏中的剑舞，是梅兰芳的成功创造。他曾向武术老师学习太极剑，每天用真剑练习，因此才能在舞台上做到得心应手。

十月

十二

甲寅日

星期日

虞世南《孔子庙堂碑》

农历八月 共二十九天	廿一	丙戌月 廿三日霜降
初候	鸿雁来宾	四十九候

发行时间	1962 年 9 月 1 日
志号	纪 94
票名	梅兰芳舞台艺术
图名	（311）《穆桂英挂帅》
设计者	孙传哲

1959 年，为了庆祝中华人民共和国成立 10 周年，梅兰芳将根据同名豫剧改编的京剧《穆桂英挂帅》搬上舞台，这是梅兰芳最后一部杰作，也是他献给祖国和人民最珍贵的礼物。邮票图案表现的是梅兰芳在此剧中饰演的穆桂英形象。画面中，穆桂英手托黄色帅印亮相，充分表现出了这位百战百胜的沙场老将在危难时刻，抛开一切顾虑，重整戎装、挂帅出征的决心。

十月

十二

乙卯日

星期一

王羲之《澄清堂帖》

农历八月 共二十九天	廿二	廿三日霜降 丙戌月
次候	雀入大水为蛤	五十候

发行时间	1962 年 9 月 1 日
志号	纪 94
票名	梅兰芳舞台艺术
图名	（312）《天女散花》
设计者	孙传哲

京剧《天女散花》是梅兰芳于 1917 年创作的古装戏。该剧讲述了天女奉如来佛之命，去往毗耶离大城维摩居士的室中散花的故事。邮票图案根据徐悲鸿早期为梅兰芳所画的一幅油画作品设计而成，展现了梅兰芳在《天女散花》中饰演的天女形象。画面中，天女身旁彩绸飘飘，落花朵朵，犹如敦煌壁画中的飞天仙女凌空飞翔，飘然降落，十分优美。

十月

十四

丙辰日

星期二

欧阳询《九成宫醴泉铭》

农历八月 共二十九天	廿三	丙戌月 廿三日霜降
次候	雀入大水为蛤	五十候

发行时间	1962 年 9 月 1 日
志号	纪 94
票名	梅兰芳舞台艺术
图名	（313）《生死恨》
设计者	孙传哲

1934 年，为了激发国人的抗日斗志，梅兰芳参照《易鞋记》传奇改编成为京剧《生死恨》。该剧讲述了北宋末年被掳为奴并结为夫妇的程鹏举和韩玉娘的故事。邮票图案为梅兰芳在该剧中饰演的韩玉娘形象，展现了韩玉娘深夜在义母家里，身穿褴褛的衣衫，独坐在纺车旁边，追怀往事，渴望宋兵早日收复失地的情态。

十月

丁巳日

十五

星期三

米芾《草书九帖》

农历八月 共二十九天	廿四	丙戌月 廿三日霜降
次候	雀入大水为蛤	五十候

发行时间	1982 年 10 月 16 日
志号	J.80
票名	世界粮食日
图名	世界粮食日
设计者	邹建军

粮食是人类赖以生存的重要物质，是人类文明得以发展的先决条件。1979 年，联合国粮食及农业组织（简称“粮农组织”）第 20 届大会决定，将每年的 10 月 16 日定为“世界粮食日”，以期引起人们对全球粮食短缺问题的重视，敦促各国采取行动，增加粮食产量，与饥饿和营养不良做斗争。每年的世界粮食日，包括粮农组织在内的国际机构、各国政府及民间组织都会开展各种宣传与纪念活动。

十月

十六

戊午日

星期四

褚遂良《孟法师碑》

世界粮食日		
农历八月 共二十九天	廿五	丙戌月 廿三日霜降
次候	雀入大水为蛤	五十候

发行时间　1962 年 9 月 1 日

志号　纪 94

票名　梅兰芳舞台艺术

图名　（314）《宇宙锋》

设计者　孙传哲

《宇宙锋》是一出以唱工为主的京剧传统剧目，梅兰芳以精湛的艺术手法，塑造了赵艳容这个正直善良、威武不屈的古代妇女形象，赋予这出老戏以新的艺术生命，成为梅派艺术杰作之一。邮票图案是梅兰芳在《宇宙锋》中饰演赵艳容金殿装疯，正唱“倒卧在尘埃地信口胡言”时的身段，表现出其又气又愤、似真似假的疯态，给人以强烈的感染力。

十月

十七

己未日

星期五

《曹全碑》

共二十九天 农历八月	廿六	丙戌月 廿三日霜降
次候	雀入大水为蛤	五十候

发行时间	1962 年 9 月 15 日
志号	纪 94M
票名	梅兰芳舞台艺术（小型张）
图名	（315）《贵妃醉酒》
设计者	吴建坤

小型张邮票采用的是 1956 年夏天梅兰芳在《贵妃醉酒》中饰演杨贵妃的一幅剧照。戏中梅兰芳把两只水袖抖拂得大方自如，不仅表现出杨贵妃的雍容华贵，甚至连长吁短叹、自怨自艾的情态也通过水袖流露无遗，展现出深厚的表演功力。小型张以天蓝色为边饰底色，上面绘饰着与主图相关联的白色京剧服装八团花图纹，既烘托了主图意境，又使画幅具有浓郁的民族特色。

十月

十六

庚申日

星期六

褚遂良《雁塔圣教序》

农历八月 共二十九天	廿七	丙戌月 廿三日霜降
末候	菊有黄华	五十一候

发行时间 1980 年 1 月 25 日

志号 T.45

票名 京剧脸谱

图名 （8–1）孟良

设计者 刘硕仁

脸谱是中国戏曲中的一门独特艺术。邮票图案选用了京剧《打孟良》中孟良的脸谱形象。此脸谱为黑眼窝，葫芦蔓花眉，鼻梁勾白，红通天立柱，红笑鼻窝，红色开口髯，下巴勾黑色小窝纹，红耳毛，戴武将盔帽，既表现出了人物正直忠厚、风趣乐观的性格特征，又显示其英雄气概。额头画有倒垂的红色葫芦，象征人物善用法宝火葫芦的特点。

十月

十

九

《说文解字》

辛酉日

星期日

农历八月 共二十九天	廿八	丙戌月 廿三日霜降
末候	菊有黄华	五十一候

发行时间	1980 年 1 月 25 日
志号	T.45
票名	京剧脸谱
图名	（8–2）李逵
设计者	刘硕仁

京剧脸谱以不同人物的形貌特征为依据而各具特定的谱式和色彩，寓意爱憎褒贬，分善恶忠奸。在同一谱式中，人物不同，则各部位的线条勾画和色彩处理也不同。邮票图案选用了京剧《黑旋风李逵》中李逵的脸谱形象。此脸谱为紫棕色花眉窝，黑色花眼窝，花鼻颊，黑色开口髯，黑耳毛，头戴鬃帽，生动地表现出其既善良正直而又带粗鲁的性格特征。

十月

壬戌日

星期一

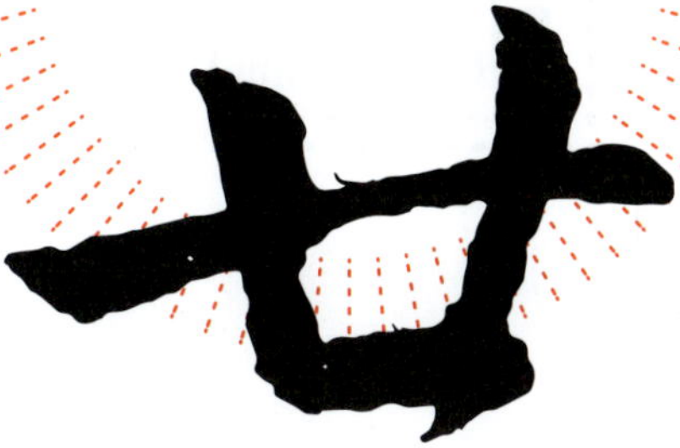

王羲之《澄清堂帖》

共二十九天 农历八月	廿九	丙戌月 廿三日霜降
末候	菊有黄华	五十一候

发行时间	1980 年 1 月 25 日
志号	T.45
票名	京剧脸谱
图名	（8–3）黄盖
设计者	刘硕仁

京剧脸谱的色彩十分讲究，不同含义的色彩绘制在不同图案轮廓里，体现人物的性格。一般来说，红为忠勇，白为奸诈，黄、黑则分别表现彪悍和正直。邮票图案选用了京剧《群英会》中黄盖的脸谱形象。黄盖的脸谱上，脸颊眉下为暗红色，眉上为白色，两眉呈斗蛾式，圆点眉窝，红色通天鼻柱，白色满髯，既描绘出了人物苍老的相貌，又展示出其刚毅雄健、忠心耿耿的性格特征。

九月桑叶尽，寒风鸣树枝。

——唐·高适《宋中十首》

十月

廿二

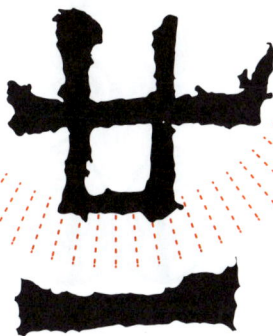

癸亥日

星期二

《爨宝子碑》

菊月 农历九月 共三十天	初一	丙戌月 廿三日霜降
末候	菊有黄华	五十一候

【九月菊花】

千载白衣酒，一生青女霜。

（唐·罗隐《菊》）

发行时间	1980 年 1 月 25 日
志号	T.45
票名	京剧脸谱
图名	（8–4）孙悟空
设计者	刘硕仁

京剧脸谱以象征和夸张的手法来表现人物，并有极强的艺术感。邮票图案选用了京剧《大闹天宫》中孙悟空的脸谱形象，此脸谱勾有“心”形图案（也称“倒栽桃”），尖嘴，翻鼻孔，头戴钻天盔，并插有两根羽翎，既描绘出了真猴活泼俏皮的面孔，又有艺术夸张加工的成分，充分展示出“齐天大圣”的神采和威风，十分惹人喜爱。

十月

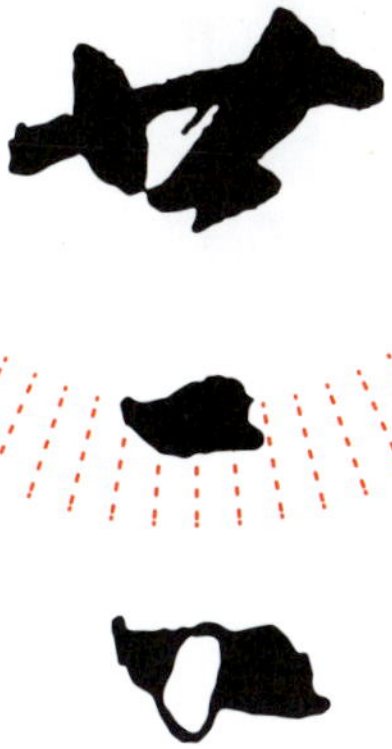

甲子日

星期三

王羲之《大观帖》

长征胜利纪念日		
共三十天 农历九月	初二	丙戌月 明日霜降
末候	菊有黄华	五十一候

霜降红梨熟，柔柯已不胜。
未尝蠲夏渴，长见助春冰。

——北宋·苏轼《梨》

发行时间	2018年8月7日
志号	2018–21
票名	二十四节气（三）
图名	（6–6）霜降
设计者	刘金贵、王虎鸣

霜降是秋季最后一个节气，一般在每年公历10月23日至24日之间，是秋冬的转折点。此时寒意彰显，可初见冬日气息。霜降时节最当令的水果得数柿子，“秋分柿子如瓜皮，霜降柿子软如泥”，霜降前后的柿子已经成熟，皮薄、肉厚、汁多、味甜，口感最佳。

霜降，九月中。气肃而凝，露结为霜矣。

——元·吴澄《月令七十二候集解》

常观天下认，凡气之温和者寿，质之慈良者寿，量之宽宏者寿，言之简默者寿。盖四者皆仁之端也，故曰仁者寿。

——清·方苞

十月

廿三日 星期四

霜降

乙丑日

共三十天 农历九月	初三	丙戌月 今日霜降
初候	豺祭兽	五十二候

发行时间 1980 年 1 月 25 日

志号 T.45

票名 京剧脸谱

图名 （8–5）鲁智深

设计者 刘硕仁

京剧脸谱主要夸张眉、眼、嘴、鼻和脑门五个部位，其对比强烈，色彩鲜明，能够清楚地表现出剧中人物特点。邮票图案选用了京剧《野猪林》中鲁智深的脸谱形象。此脸谱为孔雀眉，前是头后是尾。眉角有笑纹，嘴窝胡茬有凹凸，说明其性格乐观，心胸开阔。袒胸露怀，项带佛珠，反映出他豪放爽朗、四海为家的性情。

十月

廿四

丙寅日

星期五

《乙瑛碑》

农历九月 共三十天	初四	丙戌月 七日立冬
初候	豺祭兽	五十二候

发行时间	1980 年 1 月 25 日
志号	T.45
票名	京剧脸谱
图名	（8–6）廉颇
设计者	刘硕仁

京剧脸谱构图式样分整脸、三块瓦脸、十字脸、碎花脸等。邮票图案选用了京剧《将相和》中廉颇的脸谱形象。画面中，廉颇脸色白中透粉，白满髯，头戴倒缨盔，表现出其本质善良、知错能改的形象。

十月

廿五

丁卯日

星期六

王羲之《澄清堂帖》

共三十天 农历九月	初五	丙戌月 七日立冬
初候	豺祭兽	五十二候

发行时间	1980 年 1 月 25 日
志号	T.45
票名	京剧脸谱
图名	（8–7）张飞
设计者	刘硕仁

京剧脸谱不仅具有强烈的民族艺术特点，还能表达广大人民的情感和爱憎，有深刻的思想内涵。邮票图案选用了京剧《古城会》中张飞的脸谱形象。其采用工笔手法勾画出蝴蝶谱大笑脸，浓黑色环眼，黑色开口髯，黑耳毛，头戴草帽圈，生动地表现出张飞豪爽通达的性格和乐观精神。

十月

廿六

戊辰日

星期日

颜真卿《建中告身帖》

共三十天 农历九月	初六	丙戌月 七日立冬
初候	豺祭兽	五十二候

发行时间	1980 年 1 月 25 日
志号	T.45
票名	京剧脸谱
图名	（8–8）窦尔敦
设计者	刘硕仁

邮票图案选用了京剧《盗御马》中窦尔敦的脸谱形象。其为黄红色花眉窝，鸟眼窝，红色花鼻窝，红开口髯，红耳毛，头戴武将盔帽，表现出了一个草莽英雄自以为是、有勇无谋、性格刚暴的特征。眉窝间勾有双钩图形，说明窦尔敦善用护手双钩兵器。

十月

廿七

己巳日

星期一

郑道昭《郑文公下碑》

农历九月 共三十天	初七	丙戌月 七日立冬
初候	豺祭兽	五十二候

发行时间	1983 年 7 月 20 日
志号	T.87
票名	京剧旦角
图名	（8–1）孙玉姣
设计者	李为

京剧的角色分为生、旦、净、丑四个行当。旦行大致分为正旦、花旦、刀马旦、武旦、老旦等类型。本枚邮票图案表现的是京剧《拾玉镯》中的角色孙玉姣的形象。孙玉姣家以饲养雄鸡为生，青年傅朋经过孙家门前，见孙玉姣貌美，假意买雄鸡上前搭话，临行丢玉镯暗示情意。孙玉姣几经犹豫，终于拾起了玉镯。邮票画面中，孙玉姣手持玉镯，情态娇羞，表示她已经接受了傅朋的爱意。

十月

庚午日

星期二

王羲之《淳化阁帖》

共三十天 农历九月	初八	丙戌月 七日立冬
次候	草木黄落	五十三候

发行时间	2003 年 10 月 4 日
志号	2003–18
票名	重阳节
图名	（3–1）登高
	（3–2）赏菊
	（3–3）饮酒对弈
设计者	刘赦

人生易老天难老，岁岁重阳。
今又重阳，战地黄花分外香。

——毛泽东《采桑子 · 重阳》

农历九月初九是中国传统节日——重阳节，“九”在《易经》中为阳数，九九相重，即为重阳。重阳节的习俗有登高、饮菊花酒、佩茱萸、食重阳糕等。登高的习俗萌芽于汉代，其原本的寓意在于逃避灾祸。重阳时所酿的菊花酒在古代被视为延年益寿的长命酒。茱萸是秋季成熟的植物，人们习惯在这一天折茱萸佩于头上以辟恶气。重阳食糕的习俗在唐宋时期流行，明清时期人们称这种糕为“花糕”，为应节食品。古人对祈寿十分注重，菊花酒、茱萸佩、重阳糕都有祈寿的意义。到了现代，重阳节也被称为寿节、老人节。

十月

廿九

辛未日

星期三

王献之《廿九日帖》

重阳节		
农历九月 共二十天	初九	丙戌月 七日立冬
次候	草木黄落	五十三候

发行时间	1983 年 7 月 20 日
志号	T.87
票名	京剧旦角
图名	（8–2）陈妙常
设计者	李为

邮票图案表现了京剧《秋江》中人物陈妙常的形象。尼姑陈妙常与书生潘必正相爱，被老尼姑看破隐情，逐走潘必正。陈妙常情急之下，乘舟追赶，最终与潘必正结为夫妻。邮票画面中，尼姑陈妙常手执拂尘，水袖收起，凝目前视，既表现出了她乘舟追赶潘必正的急切心情，又展示了她不怕险阻去追求美好爱情的决心和勇气。

十月

廿

壬申日

星期四

《中岳嵩高灵庙碑》

农历九月 共三十天	初十	丙戌月 七日立冬
次候	草木黄落	五十三候

发行时间　1983 年 7 月 20 日

志号　T.87

票名　京剧旦角

图名　（8–3）白素贞

设计者　李为

邮票图案表现了京剧《白蛇传》中角色白素贞的形象。白蛇精白素贞变化为人形与青年许仙结为夫妻。金山寺和尚法海从中阻挠，并将白蛇镇压于雷峰塔下。若干年后，雷峰塔被劈倒，白蛇得救。邮票画面上，白素贞身穿帔风，作急匆匆奔跑状，展现了她正在舍生忘死地去盗仙草的情形，既表现出她要救许仙的焦急心情，也赞颂了她追求美好爱情的勇气和执着。

十月

廿一

癸酉日

星期五

《石门铭》

农历九月 共三十天	十一	丙戌月 七日立冬
次候	草木黄落	五十三候

发行时间 1995 年 11 月 1 日

志号 1995–24

票名 三清山

图名 （4–4）巨蟒出山

设计者 黄永勇、温祖望

公历二〇二五年·农历乙巳年

十一月

发行时间	1983 年 7 月 20 日
志号	T.87
票名	京剧旦角
图名	（8–4）十三妹
设计者	李为

十三妹是京剧《十三妹》中的人物，是女侠何玉凤的化名，她武艺精湛，见义勇为。剧中讲述了她替父报仇、为民除害的故事。邮票画面表现的是剧中刀马旦十三妹身背刀弓的形象。

十一月

甲戌日

星期六

王羲之《集字圣教序》

共三十天 农历九月	十二	丙戌月 七日立冬
次候	草木黄落	五十三候

发行时间	1983 年 7 月 20 日
志号	T.87
票名	京剧旦角
图名	（8–5）秦香莲
设计者	李为

邮票画面表现了京剧《秦香莲》中正旦秦香莲端庄、倔强的形象。北宋仁宗年间，陈世美中状元后停妻另娶，被招为驸马。秦香莲带一双儿女前往京城寻夫，陈世美非但不认，反派韩琪杀人灭口，韩琪放走香莲母子三人后自刎。秦香莲告至开封府，包拯主持正义，为其报仇伸冤。

十一月

乙亥日

星期日

怀素《秋兴八首》

共三十天 农历九月	十三	丙戌月 七日立冬
末候	蛰虫咸俯	五十四候

发行时间 1983年7月20日

志号 T.87

票名 京剧旦角

图名 （8–6）杨贵妃

设计者 李为

邮票画面表现了京剧《贵妃醉酒》中花旦杨贵妃醉后起舞的形象。唐玄宗先一日与杨贵妃约，命其设宴百花亭，同往赏花饮酒。次日，杨贵妃遂先赴百花亭，备齐御筵候驾，但是唐玄宗车驾竟久候不至。而后忽报皇帝已移驾别处，杨贵妃闻讯哀怨自伤，借酒浇愁。

十一月

丙子日

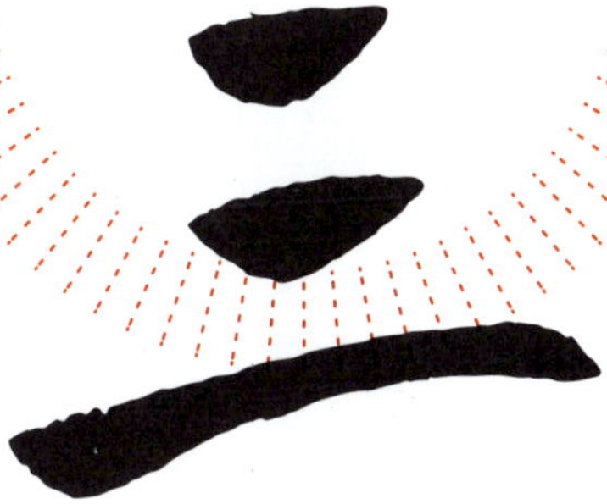

星期一

王献之《淳化阁帖》

共三十天 农历九月	十四	丙戌月 七日立冬
末候	蛰虫咸俯	五十四候

发行时间	1983 年 7 月 20 日
志号	T.87
票名	京剧旦角
图名	（8–7）崔莺莺
设计者	李为

邮票画面表现了京剧《西厢记》中青衣闺门旦崔莺莺的形象。书生张珙寄居普救寺，偶遇相国之女崔莺莺，二人一见钟情。之后，在红娘的帮助下，二人几经挫折，冲破束缚，终成眷属。

十一月

丁丑日

星期二

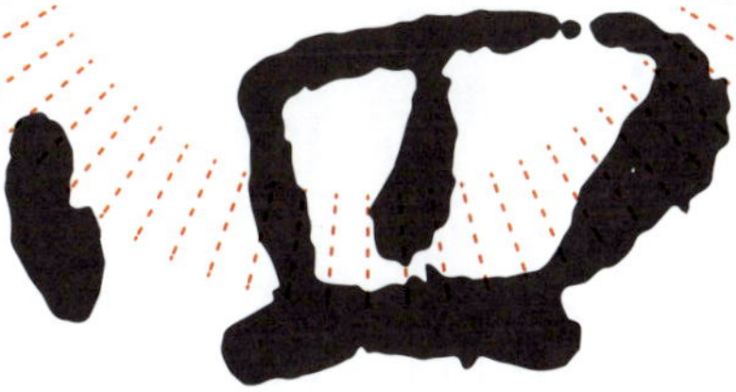

唐太宗《晋祠铭》

农历九月 共三十天	十五	七日立冬 丙戌月
末候	蛰虫咸俯	五十四候

发行时间	1983 年 7 月 20 日
志号	T.87
票名	京剧旦角
图名	（8–8）穆桂英
设计者	李为

京剧《穆桂英》讲述的是北宋年间，外敌犯境，女英雄穆桂英与名将杨六郎的儿子杨宗保成亲后，领兵出征为宋朝立功的故事。邮票画面表现了该剧中刀马旦穆桂英身着帅服的形象。

十一月

五

戊寅日

星期三

欧阳询《九成宫醴泉铭》

共三十天 农历九月	十六	丙戌月 七日立冬
末候	蛰虫咸俯	五十四候

发行时间	2001 年 2 月 15 日
志号	2001–3
票名	京剧丑角
图名	（6–1）汤勤
设计者	姜伟杰、李庆发

京剧丑角化妆时会在鼻梁上抹一小块白粉，故又称“小花脸”。按照人物的性格和身份来区分，丑角可分为“文丑”和“武丑”两大类。邮票画面表现了京剧《审头刺汤》中文丑汤勤的形象。

十一月

己卯日

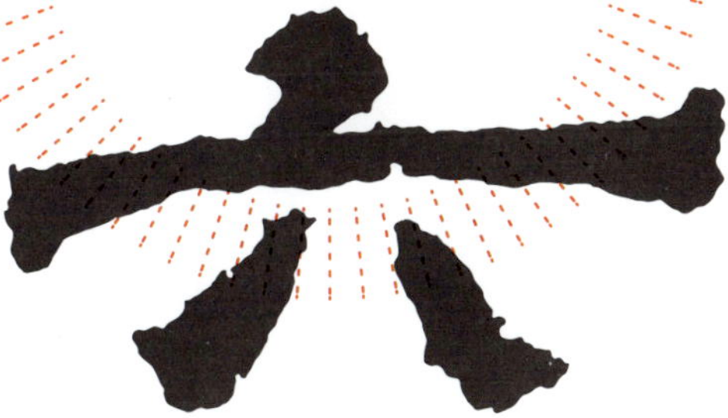

星期四

《西岳华山庙碑》

共三十天 农历九月	十七	丙戌月 明日立冬
末候	蛰虫咸俯	五十四候

不觉岁将尽，已复入长安。
月影含冰冻，风声凄夜寒。

——隋·杨广《冬夜诗》

发行时间	2019 年 11 月 8 日
志号	2019–31
票名	二十四节气（四）
图名	（6–1）立冬
设计者	刘金贵、王虎鸣

立冬意味着冬天来临，一般在每年公历 11 月 7 日或 8 日，此时万木凋零，虫蛇伏藏，大自然去繁就简，抱朴守拙，一派清冷萧条之象。中医认为，冬天是一年四季中保养、积蓄的最佳时机。民间在立冬有进补的习俗，将立冬进补称为“养冬”。此外，在中国北方，立冬时节吃饺子已有一千八百多年的历史。饺子有“交子之时”的意思，立冬吃饺子，代表了秋冬季节的交替。

立冬，十月节。立字解见前。冬，终也，万物收藏也。

——元·吴澄《月令七十二候集解》

治天下有四术：一曰忠爱，二曰无私，三曰用贤，四曰度量。

——战国·尸佼《尸子·治天下》

七日

十一月

立冬

庚辰日

星期五

共三十天 农历九月	十八	丁亥月 今日立冬
初候	水始冰	五十五候

发行时间	2001 年 2 月 15 日
志号	2001–3
票名	京剧丑角
图名	（6–2）刘利华
设计者	姜伟杰、李庆发

邮票画面表现了京剧《三岔口》中武丑刘利华的形象。剧中，三关上将焦赞因杀死王钦若女婿谢金吾被发配沙门岛，侠义大将任堂惠奉命暗中保护。解差押解焦赞行至三岔口，夜宿于刘利华店中。任堂惠赶至店中宿下。入夜，任、刘因误会引起搏斗。打斗间任被焦赞认出，任说明身份，二人解除误会。

十一月

辛巳日

星期六

《乙瑛碑》

记者节		
共三十天 农历九月	十九	丁亥月 廿二日小雪
初候	水始冰	五十五候

发行时间 1982 年 5 月 8 日

志号 T.76

票名 消防

图名 （2–1）水灭火

（2–2）化学灭火

设计者 陈晓聪

11 月 9 日的月日数恰好与火警电话号码 119 相同，且这一天前后正值风干物燥、火灾多发之际，全国各地都在紧锣密鼓地开展冬季防火工作。为增强全民的消防安全意识，使消防知识更加深入人心，从 1992 年起，我国将每年的 11 月 9 日定为全国消防安全宣传教育日。

十一月

九

壬午日

星期日

《孙秋生造像记》

全国消防安全宣传教育日		
共三十天 农历九月	廿	丁亥月 廿二日小雪
初候	水始冰	五十五候

发行时间	2001 年 2 月 15 日
志号	2001–3
票名	京剧丑角
图名	（6–3）高力士
设计者	姜伟杰、李庆发

邮票图案表现了京剧《贵妃醉酒》中文丑高力士的形象。画面中高力士卑躬屈膝，阿谀奉承，极力讨好杨贵妃的丑态跃然纸上。

十一月

癸未日

星期一

褚遂良《雁塔圣教序》

共三十天 农历九月	廿一	丁亥月 廿二日小雪
初候	水始冰	五十五候

发行时间	2001 年 2 月 15 日
志号	2001–3
票名	京剧丑角
图名	（6–4）蒋干
设计者	姜伟杰、李庆发

邮票画面表现了京剧《群英会》中文丑蒋干的形象。该剧取材于中国古典文学名著《三国演义》。剧情大意是，曹操率军南下攻吴，周瑜故友蒋干受曹操之命过江劝降周瑜。周瑜设计诱蒋盗去假造之曹营水军都督蔡瑁、张允之反书，曹果中计，怒斩蔡、张二人。

十一月

甲申日

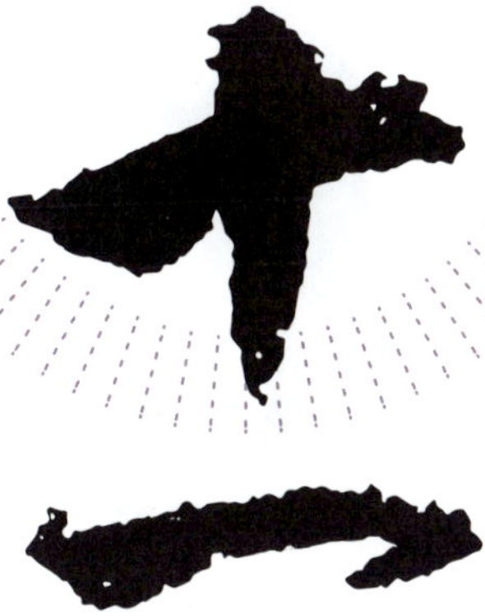

星期二

王羲之《集字圣教序》

共三十天 农历九月	廿二	丁亥月 廿二日小雪
初候	水始冰	五十五候

发行时间	2001 年 2 月 15 日
志号	2001–3
票名	京剧丑角
图名	（6–5）杨香武
设计者	姜伟杰、李庆发

邮票画面表现了京剧《三盗九龙杯》中武丑杨香武的形象。剧中，康熙出猎遇虎，黄三太镖打猛虎，康熙赐以黄马褂。绿林杨香武不服，入宫盗出九龙玉杯，康熙命黄三太捉拿。黄三太乃借祝寿为名，邀各江湖好汉至府，询问玉杯下落。杨香武挺身自承，但杯又被人盗去，辗转入于周应龙之手，杨往讨，周怒，赌约盗杯。杨乃用熏香迷倒周妻，缚之以惑周，周闻声率众出视，杨趁机盗杯而去，周追赶，被黄三太击退。

十一月

乙酉日

十二

星期三

虞世南《孔子庙堂碑》

孙中山诞辰纪念日		
农历九月 共三十天	廿三	丁亥月 廿二日小雪
次候	地始冻	五十六候

发行时间	2001 年 2 月 15 日
志号	2001–3
票名	京剧丑角
图名	（6–6）时迁
设计者	姜伟杰、李庆发

邮票画面表现了京剧《时迁盗甲》中武丑时迁的形象。该剧取材于中国古典文学名著《水浒传》。剧情大意是，高俅派呼延灼用连环马攻上梁山，使梁山陷入苦战。军师吴用派时迁去东京盗取徐宁祖传的雁翎甲，成功将徐宁赚上梁山教授钩镰枪，大破连环马。

十一月

十二

丙戌日

星期四

王羲之《澄清堂帖》

共三十天 农历九月	廿四	丁亥月 廿二日小雪
次候	地始冻	五十六候

发行时间	2007 年 3 月 10 日
志号	2007–5
票名	京剧生角
图名	（6–1）蔺相如
设计者	高云

京剧生角可细分为老生、小生、武生等。邮票画面表现了京剧《将相和》中老生蔺相如的形象。该剧取材于《史记·廉颇蔺相如列传》，讲述了赵国上卿蔺相如与老将廉颇将相和睦、共同抗秦的故事。剧中的老生曲折委婉的西皮散板，流利刚劲的西皮快板和谦逊恭让的表情动作，塑造了蔺相如以大局为重、宽宏大度的性格特征。

十一月

十四

丁亥日

星期五

欧阳询《九成宫醴泉铭》

共三十天 农历九月	廿五	丁亥月 廿二日小雪
次候	地始冻	五十六候

发行时间 2007 年 3 月 10 日

志号 2007-5

票名 京剧生角

图名 （6-2）宋士杰

设计者 高云

邮票画面表现了京剧《四进士》中老生宋士杰的形象。该剧取材于鼓词《紫金镯》，讲述了一贯见义勇为、具有正义感的宋士杰与顾读、田伦、刘题等贪官污吏斗争的故事。剧中唱、念、做兼重，通过铿锵有力的念白、激昂遒劲的西皮导板、脉脉含情的西皮摇板，以及老生具有生活气息的表情动作，把宋士杰的豪爽、正直、嫉恶如仇的性格特征表现得淋漓尽致。

十一月

戊子日

星期六

米芾《草书九帖》

共三十天 农历九月	廿六	丁亥月 廿二日小雪
次候	地始冻	五十六候

发行时间 2007 年 3 月 10 日

志号 2007-5

票名 京剧生角

图名 （6-3）周瑜

设计者 高云

邮票画面表现了京剧《群英会》中小生周瑜的形象。该剧取材于中国古典文学名著《三国演义》。戏中的周瑜年少官高，年轻气盛，性情多变。剧中，演员随着剧情的发展，通过唱、念和各种表情动作，把周瑜在剧中的骄、躁、妒、气等多重性格表现得活灵活现。

十一月

十六

己丑日

星期日

褚遂良《孟法师碑》

农历九月 共三十天	廿七	丁亥月 廿二日小雪
次候	地始冻	五十六候

发行时间 2007 年 3 月 10 日

志号 2007–5

票名 京剧生角

图名 （6–4）许仙

设计者 高云

邮票画面表现了京剧《白蛇传》中小生许仙的形象。该剧取材于《警世通言》，讲述了白蛇（白素贞）与人间青年许仙的爱情故事。随着剧情的推进，许仙一角在唱念和表情动作上体现出相应变化，并运用难度较大的身段动作，推动全剧矛盾的展开，也展现出其年少单纯的形象。

十一月

庚寅日

十七

星期一

《曹全碑》

共三十天 农历九月	廿八	丁亥月 廿二日小雪
末候	雉入大水为蜃	五十七候

发行时间	2007 年 3 月 10 日
志号	2007–5
票名	京剧生角
图名	（6–5）高宠
设计者	高云

邮票画面表现了京剧《挑滑车》中武生高宠的形象。该剧取材于《说岳全传》，讲述了宋将高宠与金兀术交战，因抵挡铁滑车而力尽，最终战死疆场的故事。剧中高宠一角身扎硬靠，足蹬厚底靴，通过表演多种高难度武技动作，展现了高宠英勇抗敌、视死如归的武将气概。

十一月

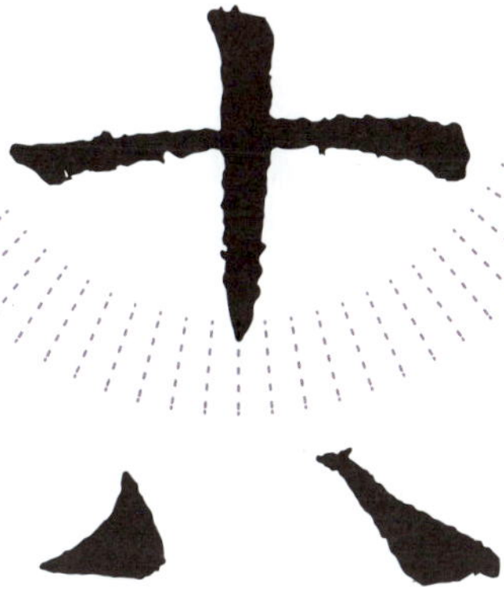

辛卯日

星期二

褚遂良《雁塔圣教序》

共三十天 农历九月	廿九	丁亥月 廿二日小雪
末候	雉入大水为蜃	五十七候

发行时间	2007 年 3 月 10 日
志号	2007–5
票名	京剧生角
图名	（6–6）任堂惠
设计者	高云

邮票画面表现了京剧《三岔口》中武生任堂惠的形象。该剧取材于《杨家将演义》，讲述了任堂惠奉杨延昭之命，暗中保护发配路上的焦赞，夜宿客店时与店主刘利华因误会而打斗的故事。任堂惠与刘利华的翻跌技巧和武打动作精巧稳练，特别是该剧的武打情节均是在模拟黑暗环境中进行的，表演快慢有序，动静相容，更增加了武打的戏剧性效果，展示了任堂惠机智和勇敢的形象。

十一月

十九

壬辰日

星期三

《说文解字》

共三十天 农历九月	三十	丁亥月 廿二日小雪
末候	雉入大水为蜃	五十七候

发行时间	2008 年 2 月 23 日
志号	2008–3
票名	京剧净角
图名	（6–1）徐彦昭
设计者	原杉杉

京剧净角总体上可分为正净、副净和武净三大类。邮票画面表现了京剧《大保国》中正净徐彦昭的形象。明穆宗朱载垕死后，太子尚年幼，李艳妃垂帘听政。李艳妃父亲李良巧言相欺，企图篡位，李艳妃受其蒙蔽，有让位之意。定国公徐彦昭、兵部侍郎杨波闻讯上殿谏阻，李艳妃执意不听，君臣不欢而散。

不知十月江寒重，陡觉三更布被轻。

——清·查慎行《寒夜次潘岷原韵》

十一月

癸巳日

廿

星期四

王羲之《澄清堂帖》

子春　农历十月　共三十天	初一	廿二日小雪　丁亥月
末候	雉入大水为蜃	五十七候

【十月月季花】

不随千种尽，独放一年红。

发行时间	2008 年 2 月 23 日
志号	2008-3
票名	京剧净角
图名	（6-2）包拯
设计者	原杉杉

邮票画面表现了京剧《铡美案》中正净包拯的形象。该剧讲述了北宋年间，包拯不顾皇家威吓，秉公执法，铡了雇凶杀人的驸马陈世美的故事。

十一月

甲午日

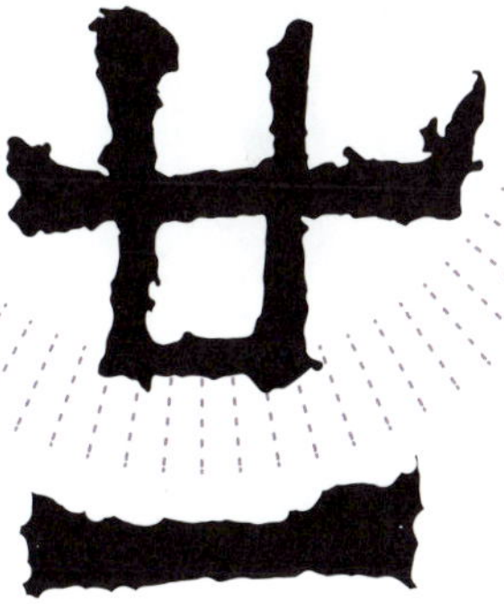

星期五

《爨宝子碑》

共三十天 农历十月	初二	丁亥月 明日小雪
末候	雉入大水为蜃	五十七候

莫怪虹无影，如今小雪时。
阴阳依上下，寒暑喜分离。

——唐·元稹《咏廿四气诗·小雪十月中》

发行时间	2019 年 11 月 8 日
志号	2019–31
票名	二十四节气（四）
图名	（6–2）小雪
设计者	刘金贵、王虎鸣

小雪，一般在每年公历 11 月 22 日或 23 日，此时我国黄河流域开始降雪，但下雪次数较少，雪量也不大。在这个节气期间，北方进入封冻季，银装素裹，而南方，特别是珠江三角洲一带，则是明显的深秋气候，秋风瑟瑟。小雪时节的时令菜，一定得是热热乎乎一大盆才好。东北地区有一道名字豪气的“杀猪菜”，正是此时的应景菜。在南方某些地方，还有农历十月打糍粑、吃糍粑的习俗。

小雪，十月中。雨下而为寒气所薄，故凝而为雪。小者，未盛之辞。

——元·吴澄《月令七十二候集解》

能知足者，天不能贫；能忍辱者，天不能祸；能无求者，天不能贱；能外形骸者，天不能病；能不贪生者，天不能死；能随遇而安者，天不能困；能造就人才者，天不能孤；能以身任天下后世者，天不能绝。

——北宋·林逋《省心录》

廿二日 星期六

十一月

小雪

乙未日

农历十月 共三十天	初三	今日小雪 丁亥月
初候	虹藏不见	五十八候

发行时间	2008 年 2 月 23 日
志号	2008-3
票名	京剧净角
图名	（6-3）廉颇
设计者	原杉杉

邮票画面表现了京剧《将相和》中正净廉颇的形象。该剧剧情大意是，蔺相如因完璧归赵，被封为赵国上卿。老将廉颇居功自傲，屡次向蔺相如寻衅。蔺相如以国事为重，始终忍让。后经人劝解，廉颇愧悔，至蔺相如府负荆请罪，将相和好，同心辅国。

十一月

廿三

丙申日

星期日

《高贞碑》

农历十月 共三十天	初四	丁亥月 七日大雪
初候	虹藏不见	五十八候

发行时间	2008 年 2 月 23 日
志号	2008–3
票名	京剧净角
图名	（6–4）张飞
设计者	原杉杉

邮票画面表现了京剧《芦花荡》中副净张飞的形象。故事取材于中国古典文学名著《三国演义》。剧情大意是，刘备回荆州之际，张飞奉诸葛亮令乔扮渔夫，率兵伏于芦花荡中。待周瑜率部下追赶刘备来到芦花荡时，张飞将周瑜三擒三纵，使其愤极呕血。

十一月

丁酉日

廿四

星期一

《乙瑛碑》

共三十天 农历十月	初五	丁亥月 七日大雪
初候	虹藏不见	五十八候

发行时间	2008 年 2 月 23 日
志号	2008-3
票名	京剧净角
图名	（6-5）曹操
设计者	原杉杉

邮票画面表现了京剧《长坂坡》中副净曹操的形象。剧中，刘备投江夏，曹操大军追及，糜夫人托子阿斗于赵云。曹兵追至，关羽从江夏搬兵至，突出挡曹，刘备脱险。长坂坡战役之后，赵云突围，将阿斗交还刘备，刘备摔子以慰赵云。曹操追赶赵云至当阳桥，见张飞立于桥上，惧而退去。

十一月

廿五

戊戌日

星期二

王羲之《澄清堂帖》

共三十天 农历十月	初六	丁亥月 七日大雪
初候	虹藏不见	五十八候

发行时间	2008 年 2 月 23 日
志号	2008–3
票名	京剧净角
图名	（6–6）杨延嗣
设计者	原杉杉

邮票画面表现了京剧《金沙滩》中武净杨延嗣的形象。剧中，潘洪私通辽主萧天庆，设计诓宋太宗至五台山进香，辽兵大至，全军被困。辽设双龙会，邀太宗赴会，暗伏兵马。杨继业乃令大郎延平假扮太宗，众子随行保护。席间延平先发制人，以袖弩射死辽王。伏兵四起，大郎、二郎、三郎皆战死，四郎、八郎被擒，仅五郎、六郎、七郎突出重围。

十一月

廿六

己亥日

星期三

颜真卿《建中告身帖》

共三十天 农历十月	初七	丁亥月 七日大雪
初候	虹藏不见	五十八候

发行时间	2009 年 11 月 28 日
志号	2009–29
票名	马连良舞台艺术
图名	（2–1）借东风
设计者	刘钊

邮票画面表现了马连良先生饰演的京剧《借东风》中诸葛亮的形象。马连良，字温如，我国著名京剧艺术家，老生行当的代表性人物之一，“马派”艺术创始人，京剧“四大须生”之一，民国时期京剧三大家之一，扶风社的招牌人物，代表剧目有《借东风》《甘露寺》等。

十一月

廿七

庚子日

星期四

郑道昭《郑文公下碑》

共三十天 农历十月	初八	丁亥月 七日大雪
次候	天气上升，地气下降	五十九候

发行时间	2009 年 11 月 28 日
志号	2009–29
票名	马连良舞台艺术
图名	（2–2）赵氏孤儿
设计者	刘钊

邮票画面表现了马连良先生饰演的京剧《赵氏孤儿》中程婴的形象。受家庭的熏陶，马连良从小热爱京剧艺术，9 岁进入北京喜连成科班，后自行组班，逐渐形成独树一帜的“马派”表演风格，与余叔岩、高庆奎、言菊朋并称“前四大须生”，后三人去世后，其又与谭富英、奚啸伯、杨宝森并称“后四大须生”。1931 年，马连良在天津与周信芳同台演出，因其技艺精湛，各具风采，被誉为“南麒北马”。

十一月

廿八

辛丑日

星期五

王羲之《淳化阁帖》

共三十天 农历十月	初九	丁亥月 七日大雪
次候	天气上升，地气下降	五十九候

赫哲族伊玛堪

2011 年，赫哲族伊玛堪入选联合国教科文组织《急需保护的非物质文化遗产名录》。

伊玛堪是我国东北部赫哲族人民世界观和历史记忆的重要组成部分。伊玛堪用赫哲语叙述，采用诗歌和散文的形式，由许多独立曲目组成，描述部落联盟与战争的故事，同时，也保存了有关萨满仪式、捕鱼和狩猎的传统知识。伊玛堪表演者在没有乐器伴奏的情况下即兴创作故事，唱和说交替进行，并利用不同的旋律来表现不同的人物和情节。由于赫哲族没有书写系统，所以伊玛堪在保护母语、宗教、信仰、传说和习俗方面发挥着重要作用。

发行时间	1999 年 10 月 1 日
志号	1999–11
票名	中华人民共和国成立五十周年 ——民族大团结
图名	（56–53）赫哲族
设计者	周秀青、金向

赫哲族为我国少数民族之一，主要分布在黑龙江省部分地区，该民族的桦皮、鱼皮手工艺品颇有特色，图案艺术别具一格。其民间文学具有鲜明的渔猎文化特征，流传最为广泛的即民间说唱文学“伊玛堪”。邮票画面表现了赫哲族人的渔猎生活场景。

十一月

廿九

壬寅日

星期六

王献之《廿九日帖》

共三十天 农历十月	初十	丁亥月 七日大雪
次候	天气上升，地气下降	五十九候

中国皮影戏

2011 年，中国皮影戏入选联合国教科文组织《人类非物质文化遗产代表作名录》。

中国皮影戏是一种以皮制或纸制的影偶形象，伴随音乐和演唱进行表演的戏剧形式。皮影艺人在幕后用木杆操控影偶，通过光线照射在半透明的幕布上，创造出动态的形象，表演生动的故事。皮影艺人往往身怀绝技，一人同时操纵数个影偶，既能即兴演唱，又能演奏不同乐器。中国皮影戏不仅为人们带来欢乐，更传递着文化历史、社会信仰、当地风俗等重要信息。

发行时间　1995 年 6 月 8 日

志号　1995–9

票名　中国皮影

图名　（4–1）陕西东路皮影人物

设计者　王虎鸣、阎炳武

陕西皮影是中国西部皮影的典型代表。根据造型特色及地域分布，陕西皮影以西安为界，西安以东称陕西东路皮影，西安以西为陕西西路皮影。邮票画面表现了明末陕西东路皮影中一位身穿旗靠、头戴帽盔、披甲执剑的将军形象。

十一月

廿

癸 卯 日

星期日

《中岳嵩高灵庙碑》

农历十月 共三十天	十一	丁亥月 七日大雪
次候	天气上升，地气下降	五十九候

发行时间	2005 年 11 月 6 日
票名	岁岁平安
图名	岁岁平安
设计者	马刚

十二月

发行时间	1995 年 6 月 8 日
志号	1995–9
票名	中国皮影
图名	（4–2）河北滦县皮影人物
设计者	王虎鸣、阎炳武

河北省各地皮影戏演出所用的影偶道具风格不同，主要分为冀东皮影、冀南皮影、冀中皮影三种。其中，冀东皮影是中国北方皮影戏的重要代表，也叫“唐山影”“滦州影”等。冀东皮影戏有独特的声腔体系和演唱方法，唱腔委婉、细腻，韵味悠长。其影偶造型具有明显的图案化、线条化和脸谱化特征。邮票画面表现了一个小生的形象，取材于清代河北滦县（今河北滦州）皮影戏《黑水国》的故事。

十二月

甲辰日

星期一

王羲之《集字圣教序》

共三十天 农历十月	十二	丁亥月 七日大雪
次候	天气上升，地气下降	五十九候

发行时间	1995 年 6 月 8 日
志号	1995-9
票名	中国皮影
图名	（4-3）山西孝义皮影人物
设计者	王虎鸣、阎炳武

自明清以来，山西皮影戏主要有皮腔皮影戏和碗碗腔皮影戏两种。皮腔皮影主要流行于孝义一带；碗碗腔皮影戏主要流行于以曲沃、孝义为中心的山西南部和中部地区。据考证，孝义皮影起始于战国，孝义是中国皮影的发源地之一。邮票画面表现了山西孝义的早期纸窗影人造型，为皮影戏《封神演义》中赵公明的形象。

十二月

乙巳日

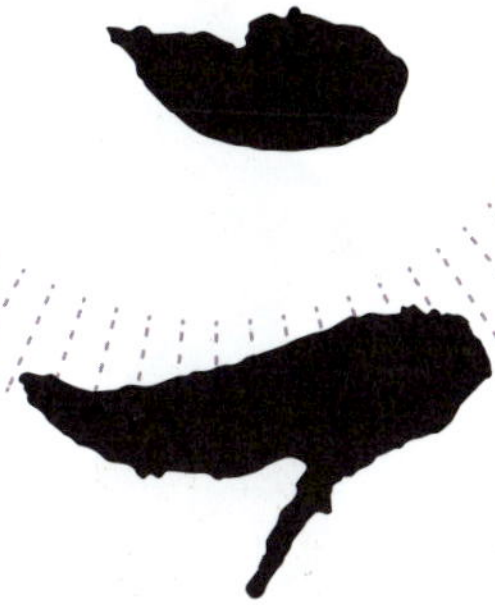

星期二

怀素《秋兴八首》

共三十天 农历十月	十三	丁亥月 七日大雪
末候	闭塞而成冬	六十候

发行时间 1995 年 6 月 8 日

志号 1995–9

票名 中国皮影

图名 （4–4）四川大邑皮影人物

设计者 王虎鸣、阎炳武

四川皮影是中国南方地区皮影的重要代表，享有“南影魁首”的美誉。其主要采用黄牛皮雕绘而成，流行于川西、川北地区。四川皮影戏充分反映了四川地区的风俗习惯、社会风貌和人文传统，具有重要的民俗学、艺术学研究价值。邮票画面表现了四川大邑皮影中的旦角形象。

十二月

丙午日

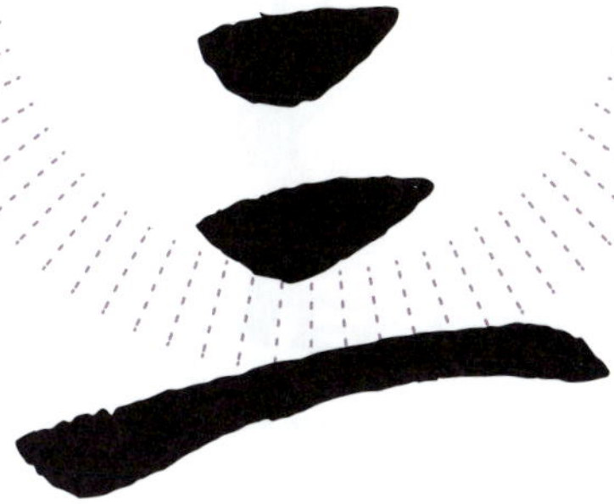

星期三

王献之《淳化阁帖》

国际残疾人日		
共三十天 农历十月	十四	丁亥月 七日大雪
末候	闭塞而成冬	六十候

木兰纺织
中国邮政
80分
唧唧复唧唧木兰当户织
不闻机杼声唯闻女叹息
问女何所思问女何所忆
女亦无所思女亦无所忆
CHINA
2000－6
（4－1）T

发行时间	2000 年 4 月 30 日
志号	2000–6
票名	木兰从军
图名	（4–1）木兰纺织
设计者	郭承辉、黄里

木兰替父从军的故事见于我国北朝时期长篇叙事民歌《木兰诗》。诗中讲述了木兰本是一个勤劳织布的普通姑娘，但当战争到来的时候，她自告奋勇女扮男装，毅然代父从军，建立赫赫战功，却不爱功名富贵，最后荣归故里的故事。邮票画面描绘了木兰纺织的情景，画面右侧印有《木兰诗》开头有关木兰纺织的文字。

十二月

丁未日

星期四

唐太宗《晋祠铭》

国家宪法日		
共三十天 农历十月	十五	丁亥月 七日大雪
末候	闭塞而成冬	六十候

发行时间　2000年4月30日

志号　2000–6

票名　木兰从军

图名　（4–2）木兰从军

设计者　郭承辉、黄里

木兰的形象在一定程度上概括了劳动人民的优秀品质和崇高理想，千百年来一直为人民群众喜闻乐见，传颂不衰。时至今日，木兰精神与木兰文化仍然有着强大的生命力和感染力。邮票画面描绘了木兰女扮男装、准备奔赴战场的巾帼英雄形象，画面左右两侧印有《木兰诗》中有关木兰代父从军的文字。

十二月

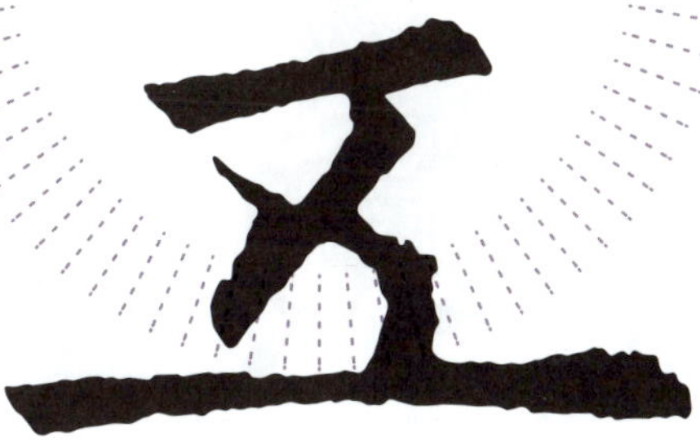

戊申日

星期五

欧阳询《九成宫醴泉铭》

共三十天 农历十月	十六	丁亥月 七日大雪
末候	闭塞而成冬	六十候

发行时间　2000 年 4 月 30 日

志号　2000–6

票名　木兰从军

图名　（4–3）木兰征战

设计者　郭承辉、黄里

邮票画面描绘了木兰征战的场景，表现了她英勇善战的大无畏气概，画面右侧印有《木兰诗》中有关木兰十年浴血征战的文字。文字与左侧富有动感的驰骋战马和持枪厮杀的英勇形象相辉映，仿佛战马嘶鸣之声可闻，战士勇猛之姿可见，展现出了一个拼搏厮杀、敌溃我追的激战场面。

十二月

己酉日

星期六

六

《西岳华山庙碑》

共三十天 农历十月	十七	丁亥月 明日大雪
末候	闭塞而成冬	六十候

良辰在何许，凝霜沾衣襟。
寒风振山冈，玄云起重阴。
——三国·魏 阮籍《咏怀诗》

发行时间	2019 年 11 月 8 日
志号	2019–31
票名	二十四节气（四）
图名	（6–3）大雪
设计者	刘金贵、王虎鸣

大雪节气一般在每年公历 12 月 6 日至 8 日之间。大雪的到来意味着大地冰封、河塘冻结。大雪节气民间有腌肉、灌香肠的习俗。俗语说：“未曾过年，先肥屋檐。”大雪前后，到大街小巷随便走走，会发现很多居民家的门口和窗台上挂上了腌肉、香肠、咸鱼等，呈现出一派浓郁的生活场景。

大雪，十一月节。大者，盛也。至此而雪盛矣。

——元 · 吴澄《月令七十二候集解》

天欲祸人，必先以微福骄之，所以福来不必喜，要看他会受；天欲福人，必先以微祸儆之，所以祸来不必忧，要看他会救。

——明 · 洪应明《菜根谭》

七日

星期日

十二月

大雪

庚戌日

农历十月 共三十天	十八	今日大雪 戊子月
初候	鹖鴠不鸣	六十一候

发行时间	2000 年 4 月 30 日
志号	2000–6
票名	木兰从军
图名	（4–4）木兰还乡
设计者	郭承辉、黄里

邮票画面表达了木兰不愿受封赏、荣归故里、重梳女儿妆的复杂心情，画面左侧印有《木兰诗》中有关木兰还乡的文字。邮票设计者借鉴了“踏花归去马蹄香”典故中弦外之音、回味无穷的表现手法，采用特写镜头，只表现女孩子一只纤手持握铜镜，镜中是一只顾盼生辉的女孩子的美目，为观者提供了丰富的联想空间。

十二月

辛亥日

星期一

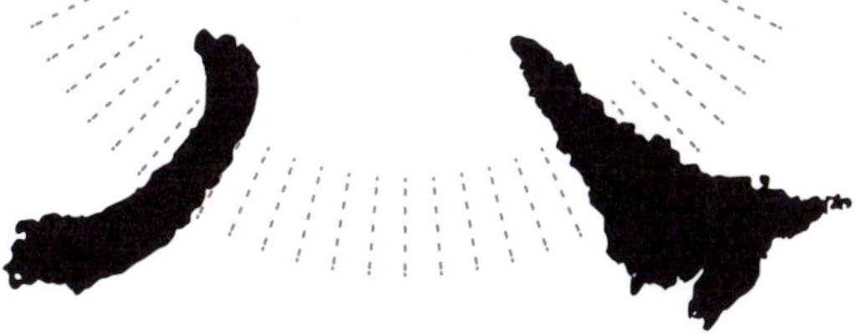

《乙瑛碑》

共三十天 农历十月	十九	戊子月 廿一日冬至
初候	鹖鴠不鸣	六十一候

发行时间	2022 年 9 月 5 日
志号	2022–19
票名	虎（文物）
图名	（6–6）清 · 皮影飞虎
设计者	王虎鸣

中国皮影戏历史悠久，表现内容丰富多样，神怪变化是其重要表现内容之一。邮票画面展现的飞虎形象出自皮影作品《神怪变化（一）》。其取材于《山海经》《封神演义》《西游记》等书，题材有天地诸神、仙道神佛、奇禽怪兽、精妖水怪等。

十二月

壬子日

九

星期二

《孙秋生造像记》

共三十天 农历十月	廿	戊子月 廿一日冬至
初候	鹖鴠不鸣	六十一候

福建木偶戏后继人才培养计划

2012 年，福建木偶戏后继人才培养计划入选联合国教科文组织《保护非物质文化遗产优秀实践名册》。

福建木偶戏是我国木偶表演艺术的杰出代表，主要演出形式为提线木偶与掌中木偶两种，在泉州、漳州及周边地区广泛传播，其表演技法精湛、传统剧目和音乐唱腔丰富、偶像造型艺术精美绝伦，形成了完整的表演体系，成为当地民众喜爱的表演艺术形式。自 2006 年起，相关群体和代表性传承人制定了“福建木偶戏后继人才培养计划”，通过系统的专业训练，培养新一代木偶戏从业者，有效促进了福建木偶戏的保护与传承。

发行时间 2000 年 10 月 9 日

志号 2000–19

票名 木偶和面具（中国—巴西联合发行）

图名 （2–1）木偶

设计者 阎炳武（中国）

卢西亚·娜伊拉塔（巴西）

木偶戏是中国传统的民间艺术。刻木为偶，以偶作戏，在中国民间广泛流传，历史悠久。就演出形式而言，木偶戏可分为提线木偶、杖头木偶等。提线木偶是木偶艺术中最古老、传统形象保存最好的木偶艺术形式之一。邮票画面选取的是中国泉州的提线木偶造型，重点表现了《火焰山》等剧目中孙悟空的经典形象。

十二月

十

癸丑日

星期三

褚遂良《雁塔圣教序》

农历十月 共三十天	廿一	戊子月 廿一日冬至
初候	鹖鴠不鸣	六十一候

中国珠算——运用算盘进行数学计算的知识与实践

2013 年，中国珠算入选联合国教科文组织《人类非物质文化遗产代表作名录》。

珠算是以算盘为工具进行数字计算的一种方法。它始于汉代，至宋走向成熟，元明达于兴盛。清代以来，珠算在全国范围内普遍流传。珠算文化不仅深深植根于中国，还传播到周边国家和地区。作为一种传统的民间知识和独特的实践方式，珠算不仅成为中华民族的伟大发明，更在人类科技史上占有重要的一席之地。

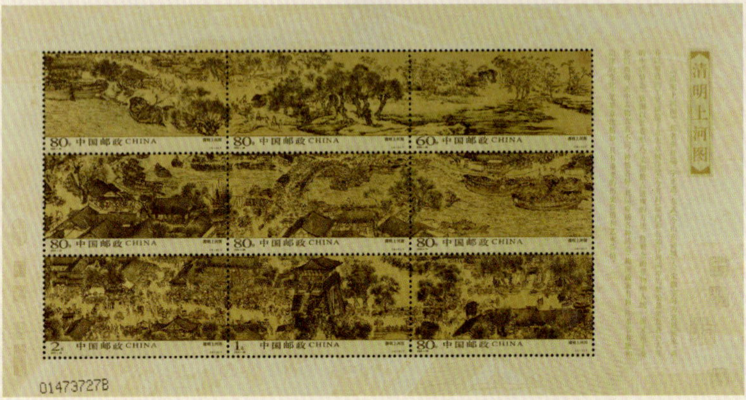

发行时间	2004 年 10 月 18 日
志号	2004–26
票名	清明上河图（整版）
图名	清明上河图
设计者	王虎鸣
原作品作者	北宋 · 张择端

商业的繁荣发展对计算技术提出了新的要求，筹算方法不断简化，改革计算工具的需求也不断提升，从而导致新型的高效算具——算盘的出现。在北宋画家张择端所作《清明上河图》中，药铺柜台上有两个长方盘子，部分珠算史学者认为其便是算盘。《清明上河图》邮票以连印的方式，将张择端笔下北宋都城汴梁（今河南开封）的生活万象再现于方寸之间。

十二月

甲寅日

星期四

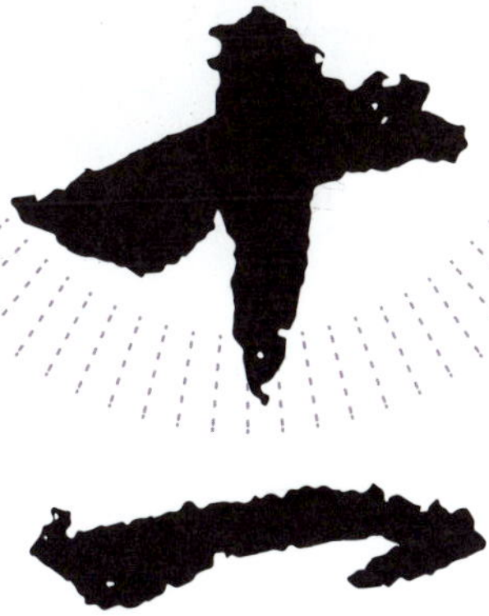

王羲之《集字圣教序》

共三十天 农历十月	廿二	戊子月 廿一日冬至
初候	鹖鴠不鸣	六十一候

票名 中国古代重要科技发明创造
——中国珠算（个性化邮票）

设计者 王虎鸣（主图《太阳神鸟》）
张庆锋、张泮俭（附票）

珠算作为一种传统的民间知识和独特的实践方式，有着重要的历史文化价值。算盘是珠算所用的工具，其以木制为多，由框、档、梁、上珠和下珠组成。此枚个性化邮票选取《太阳神鸟》主图，附票以一个传统的算盘为主要表现内容，画面下方配有“中国珠算”字样。

十二月

十二

乙卯日

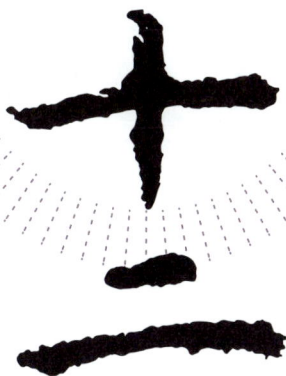

星期五

虞世南《孔子庙堂碑》

西安事变纪念日		
农历十月 共三十天	廿三	戊子月 廿一日冬至
次候	虎始交	六十二候

发行时间 2015 年 9 月 3 日

志号 2015-20

票名 中国人民抗日战争暨世界反法西斯战争胜利七十周年

图名 （13-5）侵华日军南京大屠杀遇难同胞纪念馆

设计者 李晨

2014 年 2 月 27 日，十二届全国人大常委会第七次会议经表决通过，将每年 12 月 13 日确定为南京大屠杀死难者国家公祭日，以此悼念南京大屠杀死难者和所有在日本帝国主义侵华期间惨遭日本侵略者杀戮的死难者。

十二月

十二

丙辰日

星期六

王羲之《澄清堂帖》

南京大屠杀死难者国家公祭日		
共三十天 农历十月	廿四	戊子月 廿一日冬至
次候	虎始交	六十二候

藏医药浴法——中国藏族有关生命健康和疾病防治的知识与实践

2018 年，藏医药浴法入选联合国教科文组织《人类非物质文化遗产代表作名录》。

藏医药浴法，藏语称“泷沐”，是藏族人民通过沐浴天然温泉或药物煮熬的水汁或蒸汽，调节身心平衡，实现生命健康和疾病防治的传统知识与实践。它不仅是传统藏医理论在当代健康实践中的继承和发展，还承载着藏族天文历算、自然博物、仪式信仰、行为规范、饮食起居等传统文化知识，丰富着人类的健康知识与实践。

发行时间	2005 年 8 月 26 日
志号	2005-27
票名	西藏自治区成立四十周年
图名	西藏自治区成立四十周年
设计者	周秀青

藏医药浴法是藏医传统外治法之一，是藏族人民在青藏高原的特殊环境下积累起来的医学经验。邮票画面描绘了藏族、汉族等各族人民身着节日盛装，在布达拉宫广场载歌载舞的欢庆场面。

十二月

丁巳日

十四

星期日

欧阳询《九成宫醴泉铭》

共三十天 农历十月	廿五	戊子月 廿一日冬至
次候	虎始交	六十二候

发行时间	2011 年 5 月 23 日
志号	2011–13
票名	西藏和平解放六十周年
图名	（3–1）和平解放
	（3–2）跨越发展
	（3–3）美好生活
设计者	叶星生

藏医药浴法极具地域特色和民族特色，它的组方、浴前诊断、综合施治都是在藏医学理论指导下完成的。此套邮票画面借鉴唐卡艺术的中心构图法，将西藏传统艺术特色和现代构成手法融为一体，使之更具图案性与装饰性。

十二月

廿五

戊午日

星期一

米芾《草书九帖》

共三十天 农历十月	廿六	戊子月 廿一日冬至
次候	虎始交	六十二候

发行时间	2015 年 9 月 1 日
志号	2015–17
票名	西藏自治区成立五十周年
图名	（3–2）和谐西藏
设计者	叶星生

藏医药浴法是传统藏医药的一项代表性疗法，是世界各国研究者和患者认识、了解藏医药的首选。邮票画面借鉴唐卡艺术风格，描绘了各族人民心手相连，载歌载舞的场景，色彩鲜艳，极富地域特色。

十二月

己未日

十六

星期二

褚遂良《孟法师碑》

共三十天 农历十月	廿七	戊子月 廿一日冬至
次候	虎始交	六十二候

发行时间	2015 年 9 月 1 日
志号	2015–17
票名	西藏自治区成立五十周年
图名	（3–3）幸福西藏
设计者	叶星生

藏医药浴法不仅承载着藏族人民关于自然和生活的传统知识，同时也通过藏族神话、传说、史诗、戏剧、绘画、雕刻等文化形式得以广泛传播。邮票画面描绘了一家人其乐融融、阖家欢乐的幸福场景，大自然中的虫草、雪莲点缀其间。

十二月

十七

庚申日

星期三

《曹全碑》

共三十天 农历十月	廿八	戊子月 廿一日冬至
末候	荔挺出	六十三候

发行时间	2021 年 8 月 19 日
志号	2021-15
票名	西藏和平解放 70 周年
图名	西藏和平解放 70 周年
设计者	容铁、沈嘉宏

几十年来，随着藏医药事业的建设和学术交流的广泛开展，藏医药的弘扬取得了举世瞩目的成绩，藏医药浴法也在继承传统藏医理论的同时不断发展。邮票画面前景表现了西藏当地群众共同欢庆的场景，远景表现了“复兴号”高原动车，并衬以巍峨雪山等元素，描绘出一幅新时代西藏发展的美好画卷。

十二月

十六

辛酉日

星期四

褚遂良《雁塔圣教序》

农历十月 共三十天	廿九	戊子月 廿一日冬至
末候	荔挺出	六十三候

太极拳

2020 年，太极拳入选联合国教科文组织《人类非物质文化遗产代表作名录》。

太极拳是基于阴阳循环、天人合一的中国传统哲学思想和养生观念，以中正圆活为运动特征的传统体育实践。自 17 世纪中叶在河南温县陈家沟村形成以来，太极拳不断传承创新，在陈氏太极拳的基础上发展出杨氏、孙氏等多个流派。太极拳注重意念修炼与呼吸调整，以五步、八法为核心动作，以套路、功法、推手为运动形式。习练者通过对动静、快慢、虚实的把控，达到修身养性、强身健体的目的。

发行时间	2023 年 8 月 8 日
志号	2023–14
票名	太极拳
图名	（3–1）拳术
设计者	王亚平、张帆

太极拳集颐养性情、强身健体、技击对抗等多种功能于一体，是一种内外兼修、缓慢轻灵、刚柔相济的中国传统拳术。邮票画面表现了一位在做太极拳单鞭动作的白发长须老者。

十二月

壬戌日

《说文解字》

星期五

农历十月 共三十天	三十	戊子月 廿一日冬至
末候	荔挺出	六十三候

发行时间	2023 年 8 月 8 日
志号	2023-14
票名	太极拳
图名	（3-2）器械
设计者	王亚平、张帆

太极拳要求以静制动，以柔克刚，避实击虚，借力发力，主张一切从客观出发，随人则活，由己则滞，不仅可以训练人的反应能力、力量和速度等身体素质，而且在攻防格斗训练中也有重要意义。邮票画面表现了一位英姿飒爽的舞剑女子，展现出太极剑行云流水的特点。

十一月中长至夜，三千里外远行人。

——唐·白居易《冬至宿杨梅馆》

十二月

癸亥日

廿

星期六

王羲之《澄清堂帖》

澳门回归纪念日		
葭月 农历十一月 共三十天	初一	明日冬至 戊子月
末候	荔挺出	六十三候

【十一月梅花】

素艳雪凝树，清香风满枝。

（唐·许浑《闻薛先辈陪大夫看早梅因寄》）

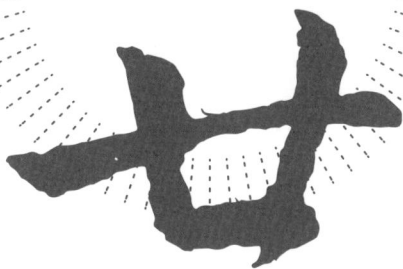

冬至子之半，天心无改移。
一阳初起处，万物未生时。
——北宋·邵雍《冬至吟》

发行时间	2019 年 11 月 8 日
志号	2019–31
票名	二十四节气（四）
图名	（6–4）冬至
设计者	刘金贵、王虎鸣

冬至一般在每年公历 12 月 21 日至 23 日之间。冬至过后，各地都进入一年当中最寒冷的阶段，也就是人们常说的“数九”，即每九天为一小节，共九九八十一天。冬至时节吃饺子可以驱寒暖胃，人们在包饺子的同时，也将全家人对于新年新生活的祈愿包了进来。

冬至，十一月中。终藏之气，至此而极也。

——元 · 吴澄《月令七十二候集解》

欲出第一等言，须有第一等意。欲为第一等人，须作第一等事。

——北宋 · 邵雍《一等吟》

廿一日 星期日

十二月

冬至

甲子日

农历十一月 共三十天	初二	今日冬至 戊子月
初候	蚯蚓结	六十四候

发行时间	2023 年 8 月 8 日
志号	2023–14
票名	太极拳
图名	（3–3）推手
设计者	王亚平、张帆

太极拳是最具中华民族传统体育特色的项目之一，其受众广泛、世代传承。邮票画面表现了一对进行太极拳推手动作的男女青年，刻画出“阴阳太极本相随，动静虚实把手推”的场景。

十二月

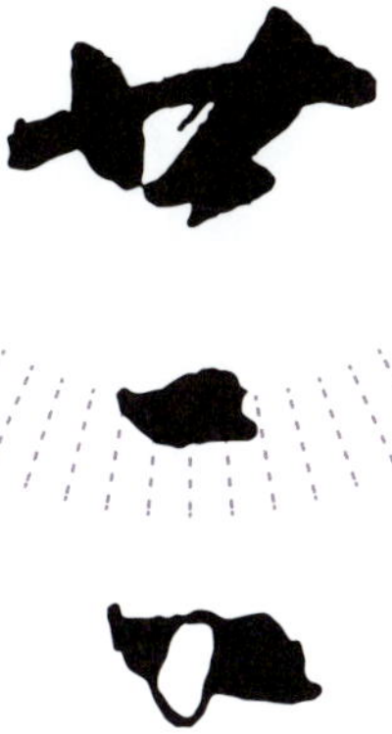

乙丑日

星期一

王羲之《大观帖》

农历十一月 共三十天	初三	戊子月 五日小寒
初候	蚯蚓结	六十四候

发行时间 1959 年 12 月 28 日

志号 纪 72

票名 第一届全国运动会

图名 （244）武术

设计者 韩象琦

经长期流传，太极拳发展出 80 多套拳术、器械套路和 20 多种推手方法。邮票画面表现了一位老人练习太极剑独立下刺的动作。只见他精神矍铄，动作刚劲有力。

十二月

廿三

丙寅日

星期二

《高贞碑》

农历十一月 共三十天	初四	戊子月 五日小寒
初候	蚯蚓结	六十四候

发行时间	1960 年 9 月 10 日
志号	特 43
票名	爱国卫生运动
图名	（209）锻炼身体
设计者	卢天骄

太极拳融合了健身、养生、悟道等功能，具有鲜明的中国风格和独特的中国韵味，是中国传统文化的重要符号和对外交流、传播的重要载体。邮票画面表现了一位正在打太极拳的老人的形象。

十二月

廿四

丁卯日

星期三

《乙瑛碑》

农历十一月 共三十天	初五	戊子月 五日小寒
初候	蚯蚓结	六十四候

送王船——有关人与海洋可持续联系的仪式及相关实践

2020 年，送王船入选联合国教科文组织《人类非物质文化遗产代表作名录》。

送王船是流传于中国闽南和马来西亚马六甲沿海地区的禳灾祈安仪式。当地百姓认为，“代天巡狩王爷”（简称“王爷”）受上天委派，定期赴人间各地巡查，拯疾扶危，御灾捍患；而海上罹难者的亡魂（尊称为“好兄弟”）四处漂泊，无所归依。因而，人们定期举行仪式，迎请王爷巡狩社区四境，并召请好兄弟登上王船，随王爷一同出海远行，济黎民百姓，保四方平安。该非物质文化遗产项目体现了人与海洋之间可持续的联系，见证了“海上丝绸之路”沿线地区的文化间对话，体现了顺应可持续发展的文化创造力。

发行时间	2002 年 2 月 5 日
志号	2002–3
票名	珍稀花卉（中国—马来西亚联合发行）
图名	（2–1）金花茶
设计者	张桂徵（中国）
	榛子设计室（马来西亚）

“送王船”信俗在中国闽南和马来西亚马六甲沿海地区既有共性，又有地方性区别。在闽南，仪式大多每三或四年在秋季东北季风起时举行；而在马六甲沿海地区，则多在农历闰年于旱季择吉日举行。仪式活动历时数日，或长达数月。中马两国有着悠久的历史往来，并于 2002 年联合发行“珍稀花卉”主题邮票一套两枚。此枚邮票画面表现了中国有着“植物界大熊猫”之称的金花茶。

十二月

戊辰日

星期四

王羲之《澄清堂帖》

农历十一月 共三十天	初六	戊子月 五日小寒
初候	蚯蚓结	六十四候

发行时间	1976 年 12 月 26 日
志号	T.11
票名	革命纪念地——韶山
图名	（4–1）韶山毛主席旧居
设计者	许彦博

12 月 26 日是毛泽东诞辰纪念日。毛泽东（1893—1976），湖南湘潭人，中国共产党、中国人民解放军、中华人民共和国的主要缔造者，中国各族人民的伟大领袖。毛泽东同志是伟大的马克思主义者，伟大的无产阶级革命家、战略家、理论家，是马克思主义中国化的伟大开拓者、中国社会主义现代化建设事业的伟大奠基者，是近代以来中国伟大的爱国者和民族英雄，是党的第一代中央领导集体的核心，是领导中国人民彻底改变自己命运和国家面貌的一代伟人，是为世界被压迫民族的解放和人类进步事业作出重大贡献的伟大国际主义者。

十二月

廿六

己巳日

星期五

颜真卿《建中告身帖》

毛泽东诞辰纪念日		
农历十一月 共三十天	初七	五日小寒 戊子月
次候	麋角解	六十五候

发行时间	2002 年 2 月 5 日
志号	2002–3
票名	珍稀花卉（中国—马来西亚联合发行）
图名	（2–2）炮弹花
设计者	张桂徵（中国） 榛子设计室（马来西亚）

由中国与马来西亚联合申遗成功的“送王船”信俗承载了中马两国人民的共同追求，增强了中马两国的友好关系。邮票画面表现了马来西亚著名的珍稀花卉“炮弹花”。

十二月

廿七

庚午日

星期六

郑道昭《郑文公下碑》

农历十一月 共三十天	初八	戊子月 五日小寒
次候	麋角解	六十五候

中国传统制茶技艺及其相关习俗

2022 年，中国传统制茶技艺及其相关习俗入选联合国教科文组织《人类非物质文化遗产代表作名录》。

中国传统制茶技艺及其相关习俗是有关茶园管理、茶叶采摘、茶的手工制作，以及茶的饮用和分享的知识、技艺和实践。制茶师根据当地的风土，使用炒锅、竹匾、烘笼等工具，运用杀青、闷黄、渥堆、萎凋、做青、发酵、窨制等核心技艺，发展出绿茶、黄茶、黑茶、白茶、乌龙茶、红茶六大茶类及花茶等再加工茶，2000 多种茶品以不同的色、香、味、形满足着民众的多种需求。中国传统制茶技艺及其相关习俗世代传承，体现了中国人所秉持的谦、和、礼、敬的价值观，并通过丝绸之路促进了世界文明交流互鉴，在人类社会可持续发展中发挥着重要作用。

发行时间	1997 年 4 月 8 日
志号	1997–5
票名	茶
图名	（4–1）茶树
设计者	任宇

中国是茶的原产地和故乡。据文献记载，巴蜀地区在不晚于周代就已经开始了茶树的人工栽培。中国的茶树栽培在世界范围内产生了重要影响。邮票画面表现了位于云南省澜沧拉祜族自治县富东乡邦崴村的一棵古茶树，其树龄已逾千年。

十二月

廿八

辛未日

星期日

王羲之《淳化阁帖》

农历十一月 共三十天	初九	五日小寒 戊子月
次候	麋角解	六十五候

发行时间　1997年4月8日

志号　1997–5

票名　茶

图名　（4–2）茶圣

设计者　任宇

中国是世界上最早制茶、饮茶的国家之一。“茶圣”陆羽在《茶经》中说：“茶之为饮，发乎神农氏，闻于鲁周公。”这说明，早在神农时期，茶的价值就已经被发现了，而后饮茶之风日益兴盛起来。邮票画面是立于浙江杭州中国茶叶博物馆院内的陆羽铜像。

十二月

廿九

壬申日

星期一

王献之《廿九日帖》

农历十一月 共三十天	初十	戊子月 五日小寒
次候	麋角解	六十五候

发行时间	1997 年 4 月 8 日
志号	1997–5
票名	茶
图名	（4–3）茶器
设计者	任宇

唐朝是饮茶普及的时代，制茶技术在此期间得到了迅速发展，各种茶器也得到了应有的重视。陆羽在《茶经》中记载了采茶、制茶、煮茶、饮茶的工具和器具。邮票画面表现了一件鎏金银茶碾，1987 年该茶碾出土于陕西扶风法门寺地宫中。

十二月

癸酉日

星期二

《中岳嵩高灵庙碑》

共三十天 农历十一月	十一	戊子月 五日小寒
次候	麋角解	六十五候

发行时间　1997 年 4 月 8 日
志号　1997–5
票名　茶
图名　（4–4）茶会
设计者　任宇

以茶款待友人的社交活动被称为“茶会”。我国的茶文化一开始便与诗、文、书、画紧密地联系在一起。邮票画面展现了明代文徵明的《惠山茶会图》局部。该画作描绘了清明时节画家与朋友在无锡惠山“天下第二泉”边煮茶品茗、赋诗唱和的情形，以此表现古代文人追求自然清净、天人合一的境界。

十二月

廿一

甲戌日

星期三

《石门铭》

农历十一月 共三十天	十二	戊子月 五日小寒
末候	水泉动	六十六候

非物质文化遗产主题邮票

2016–13	文化遗产日

一月

T.81	民族乐器——拨弦乐器（5–3）
2006–22	古琴与钢琴（中国—奥地利联合发行）（2–1）
2013–15	琴棋书画（4–1）
2010–14	昆曲
2017–9	内蒙古自治区成立七十周年（3–2）
1998–16M	锡林郭勒草原（小型张）
2015–25	新疆维吾尔自治区成立六十周年（3–3）
1999–11	中华人民共和国成立五十周年——民族大团结（56–33）（56–19）
特 16	东汉画像砖（112）
2004–26	清明上河图（9–5）
特 55	中国民间舞蹈（第三组）（282）
J.58	中国古代科学家（第三组）（4–4）
1997–13M	寿山石雕（小型张）
2004–21	鸡血石印
2022–16	中国篆刻
2024–3	中国篆刻（二）

二月

2003–19	图书艺术（中国—匈牙利联合发行）（2–1）
2009–19	国家图书馆
2003–2	杨柳青木版年画
2004–2	桃花坞木版年画
2004–2M	桃花坞木版年画（小全张）
2005–4	杨家埠木版年画
2005–4M	杨家埠木版年画（小全张）
2006–2	武强木版年画
2006–2M	武强木版年画（小全张）
2007–4	绵竹木版年画（4–1）（4–2）（4–3）

三月

2007–4	绵竹木版年画（4–4）
2007–4M	绵竹木版年画（小全张）
2008–2	朱仙镇木版年画
2008–2M	朱仙镇木版年画（小全张）
2009–2	漳州木版年画
2009–2M	漳州木版年画（小全张）
2010–4	梁平木版年画
2010–4M	梁平木版年画（小全张）
2011–2	凤翔木版年画

1998–1	戊寅年（2–2）
2003–3	中国古代书法——篆书

四月

2004–28	中国古代书法——隶书
2007–30	中国古代书法——楷书
2010–11	中国古代书法——行书
2011–6	中国古代书法——草书
特 30	剪纸
J.141	国际住房年
1993–1	癸酉年（2–1）

五月

2018–3	中国剪纸（一）
2020–3	中国剪纸（二）
2019–19	鲁班
2019–19M	鲁班（小型张）
T.121	中国历代名楼
1996–15	经略台真武阁
1998–2	岭南庭园
T.56	苏州园林——留园
T.96	苏州园林——拙政园
2003–11	苏州园林——网师园

六月

2007–7	扬州园林
2004–27	中国名亭（一）
2022–22	中国名亭（二）
2023–27	世界文化遗产——平遥古城
2023–27M	世界文化遗产——平遥古城（小全张）
2011–12	云锦
2011–12M	云锦（小全张）
1999–11	中华人民共和国成立五十周年——民族大团结（56–10）（56–4）（56–2）（56–12）
编 90	儿童歌舞（长鼓舞）
1997–8	侗族建筑

七月

2002–16	青海湖
1999–11	中华人民共和国成立五十周年——民族大团结（56–29）
1992–12	妈祖
2002–4	民族乐器——拉弦乐器（5–5）
2017–9	内蒙古自治区成立七十周年（3–3）
T.81	民族乐器——拨弦乐器（5–4）（5–5）

2015–14 清源山
2014–10 唐卡
2014–10M 唐卡（小型张）
2013–14 金铜佛造像
2012–19 丝绸之路
2018–11 丝绸之路文物（一）（4–1）
2015–17 西藏自治区成立五十周年（3–1）

八月

1998–22 中国陶瓷——龙泉窑瓷器
2006–23 文房四宝（4–3）
1997–19 西安城墙
2017–25 粤剧
1999–11 中华人民共和国成立五十周年——民族大团结（56–5）
2005–21 新疆维吾尔自治区成立五十周年
2001–23 古代帆船（中国—葡萄牙联合发行）（2–1）
J.113 郑和下西洋五八〇周年（4–3）（4–4）
2005–13 郑和下西洋 600 周年（3–3）
2005–13M 郑和下西洋 600 周年（小型张）
中国古代重要科技发明创造——活字印刷术（个性化邮票）
T.12 医疗卫生科学新成就（4–1）（4–4）
2010–28 中医药堂（4–1）（4–2）

九月

2010–28 中医药堂（4–3）（4–4）
纪 33 中国古代科学家（第一组）（128）
2018–13 中国古代科学家及著作（一）（4–1）（4–2）
纪 92 中国古代科学家（第二组）（299）（300）
2002–18 中国古代科学家（第四组）（4–1）
2022–24 张仲景
T.30 药用植物
T.72 药用植物（第二组）
T.72M 药用植物（第二组）（小型张）
2023–20 药用植物（三）（6–1）（6–2）（6–3）

十月

2023–20 药用植物（三）（6–4）（6–5）（6–6）
纪 94 梅兰芳舞台艺术
纪 94M 梅兰芳舞台艺术（小型张）
T.45 京剧脸谱
T.87 京剧旦角（8–1）（8–2）（8–3）

十一月

T.87 京剧旦角（8–4）（8–5）（8–6）（8–7）（8–8）

2001–3	京剧丑角
2007–5	京剧生角
2008–3	京剧净角
2009–29	马连良舞台艺术
1999–11	中华人民共和国成立五十周年——民族大团结（56–53）
1995–9	中国皮影（4–1）

十二月

1995–9	中国皮影（4–2）（4–3）（4–4）
2000–6	木兰从军
2022–19	虎（文物）（6–6）
2000–19	木偶和面具（中国—巴西联合发行）（2–1）
2004–26	清明上河图（整版）
	中国古代重要科技发明创造——中国珠算（个性化邮票）
2005–27	西藏自治区成立四十周年
2011–13	西藏和平解放六十周年
2015–17	西藏自治区成立五十周年（3–2）（3–3）
2021–15	西藏和平解放 70 周年
2023–14	太极拳
纪 72	第一届全国运动会（244）
特 43	爱国卫生运动（209）
2002–3	珍稀花卉（中国—马来西亚联合发行）
1997–5	茶

篇章页蛇主题邮票

一月	T.133	己巳年
二月	2001–2	辛巳年（2–1）
三月	2001–2	辛巳年（2–2）
四月	2013–1	癸巳年
五月	T.141	当代美术作品选（一）（3–1）
六月	2001–26	民间传说——许仙与白娘子（4–1）
七月	2001–26	民间传说——许仙与白娘子（4–2）
八月	2001–26	民间传说——许仙与白娘子（4–3）
九月	2001–26	民间传说——许仙与白娘子（4–4）
十月	J.69	世界电信日——电信与卫生
十一月	1995–24	三清山（4–4）
十二月	个性化服务专用邮票	岁岁平安

二十四节气主题邮票

一月
2019–31　二十四节气（四）（6–5）（6–6）
二月
2015–4　二十四节气（一）（6–1）（6–2）
三月
2015–4　二十四节气（一）（6–3）（6–4）
四月
2015–4　二十四节气（一）（6–5）（6–6）
五月
2016–10　二十四节气（二）（6–1）（6–2）
六月
2016–10　二十四节气（二）（6–3）（6–4）
七月
2016–10　二十四节气（二）（6–5）（6–6）
八月
2018–21　二十四节气（三）（6–1）（6–2）
九月
2018–21　二十四节气（三）（6–3）（6–4）
十月
2018–21　二十四节气（三）（6–5）（6–6）
十一月
2019–31　二十四节气（四）（6–1）（6–2）
十二月
2019–31　二十四节气（四）（6–3）（6–4）

节日及纪念日相关邮票

一月
2015–2　拜年
2000–2M　春节（小型张）
2000–2　春节

二月
2006–3　民间灯彩

三月
2010–6　“三八”国际劳动妇女节一百周年
2019–4　中国植树节
2014–5　保护消费者权益
2013–7　世界水日
特 24　气象

邮票目录

四月

2005–6	世界地球日
2011–7	世界读书日

五月

纪 15	国际劳动节
2019–8	“五四”运动一百周年
2013–11	感恩母亲
2021–23	《生物多样性公约》第十五次缔约方大会
2001–10	端午节

六月

2021–10	儿童画作品选
2015–12	感恩父亲

七月

普 16	革命纪念地图案普通邮票（中国共产党第一次全国代表大会会址）
2010–18	中国航海日

八月

普 16	革命纪念地图案普通邮票（南昌起义总指挥部旧址）
2020–18M	华佗（小型张）
2012–23	宋词（6–3）

九月

2015–20M	中国人民抗日战争暨世界反法西斯战争胜利七十周年（小型张）
2014–19	教师节
J.162M	孔子诞生二千五百四十周年（小型张）

十月

2019–23M	中华人民共和国成立七十周年（小型张）
2002–20	中秋节
2016–4	中国邮政开办一百二十周年
2011–24	辛亥革命一百周年
J.80	世界粮食日
2003–18	重阳节

十一月

T.76	消防

十二月

2015–20	中国人民抗日战争暨世界反法西斯战争胜利七十周年（13–5）
T.11	革命纪念地——韶山（4–1）

中国入选联合国教科文组织《非物质文化遗产名录（名册）》项目

序号	项目名称	列入年份
01	古琴艺术	2008
02	昆曲	2008
03	蒙古族长调民歌	2008
04	新疆维吾尔木卡姆艺术	2008
05	羌年	2009
06	中国木拱桥传统营造技艺	2009
07	黎族传统纺染织绣技艺	2009
08	中国篆刻	2009
09	中国雕版印刷技艺	2009
10	中国书法	2009
11	中国剪纸	2009
12	中国传统木结构建筑营造技艺	2009
13	端午节	2009
14	南京云锦织造技艺	2009
15	中国朝鲜族农乐舞	2009
16	《格萨（斯）尔》	2009
17	侗族大歌	2009
18	花儿	2009
19	《玛纳斯》	2009
20	妈祖信俗	2009
21	蒙古族呼麦歌唱艺术	2009
22	南音	2009
23	热贡艺术	2009
24	中国蚕桑丝织技艺	2009
25	藏戏	2009
26	龙泉青瓷传统烧制技艺	2009
27	宣纸传统制作技艺	2009
28	西安鼓乐	2009
29	粤剧	2009
30	麦西热甫	2010
31	中国水密隔舱福船制造技艺	2010
32	中国活字印刷术	2010
33	中医针灸	2010
34	京剧	2010
35	赫哲族伊玛堪	2011
36	中国皮影戏	2011
37	福建木偶戏后继人才培养计划	2012
38	中国珠算——运用算盘进行数学计算的知识与实践	2013
39	二十四节气——中国人通过观察太阳周年运动而形成的时间知识体系及其实践	2016
40	藏医药浴法——中国藏族有关生命健康和疾病防治的知识与实践	2018
41	太极拳	2020
42	送王船——有关人与海洋可持续联系的仪式及相关实践	2020
43	中国传统制茶技艺及其相关习俗	2022

附录

《二十四节气歌》

春雨惊春清谷天，夏满芒夏暑相连。

秋处露秋寒霜降，冬雪雪冬小大寒。

每月两节不变更，最多相差一两天。

上半年来六廿一，下半年是八廿三。

明 · 龚廷贤《万病回春》（卷之一）“十二月七十二候歌”

立春正月春气动，东风能解凝寒冻；土底蛰虫始振摇，鱼陟负冰相戏泳；

半月交得雨水后，獭祭鱼时随应候；候雁时催归北乡，那堪草木萌芽透。

惊蛰二月节气浮，桃始开花放树头；鸧鹒鸣动无休歇，催得胡鹰化作鸠；

春色平分才一半，向时玄鸟重相见；雷乃发声天际头，闪闪云开始见电。

芳菲三月报清明，梧桐枝上始含英；田鼠化鴽人不觉，虹桥始见雨初晴；

三月中时交谷雨，萍始生遍闲洲渚；鸣鸠自拂其羽毛，戴胜降于桑树隅。

立夏四月节相争，知他蝼蝈为谁鸣；无端蚯蚓纵横出，有意王瓜取次生；

小满瞬时更迭至，间寻苦菜争荣处；靡草干朽死欲枯，微看初暄麦秋至；

芒种一番新换豆，不谓螳螂生如许；䴗者鸣时声不休，反舌无声没半语。

夏至才交阴始生，鹿乃角解养新茸；阴阴蜩始鸣长日，细细田间半夏生；

小暑乍来浑未觉，温风时至褰帘幕；蟋蟀才居屋壁诸，天崖又见鹰始鸷。

大暑虽炎犹自好，且看腐草为萤秒；匀匀土润散溽蒸，大雨时行苏枯槁。

大火西流又立秋，凉风至透内房幽；一庭白露微微降，几个寒蝉鸣树头；

一瞬中间处暑至，鹰乃祭鸟谁教汝；天地属金始肃清，禾乃登堂收几许；

无可奈何白露秋，大鸿小雁来南洲；旧时玄鸟都归去，教令诸禽各养羞。

自入秋分八月中，雷始收声敛震宫；蛰虫坯户先为御，水始涸兮势向东；

寒露人言晚节佳，鸿雁来宾时不差；雀入大水化为蛤，争看篱菊有黄花；

休言霜降非天意，豺乃祭兽班时意；草木皆黄落叶天，蛰虫咸俯迎寒气。

谁着书来立冬信，水始成冰寒日进；地始冻兮坼裂开，雉入大水潜为蜃。

逡巡小雪年华暮，虹藏不见知何处；天升地降雨不交，闭塞成冬如禁固。

纷飞大雪转凄迷，鹖鴠不鸣焉肯啼；虎始交后风生壑，荔挺出时霜满溪。

短日渐长冬至矣，蚯蚓结泉更不起；渐渐林间麋角解，水泉摇动温井底；

去岁小寒今岁又，雁声北乡春去旧；鹊寻枝上始为巢，雉入寒烟时一雊；

一年时尽大寒来，鸡始乳兮如乳孩；征鸟当权飞厉疾，泽腹弥坚冻不开。

五朝一候如鳞次，一岁从头七十二；达人观此发天机，多少乾坤无限事。

农历月份别称及佳句

一月首阳

正月晴和风气新，纷纷已有醉游人。

——唐·白居易《早春持斋，答皇甫十见赠》

二月绀香

新年都未有芳华，二月初惊见草芽。

——唐·韩愈《春雪》

三月莺时

故人西辞黄鹤楼，烟花三月下扬州。

——唐·李白《黄鹤楼送孟浩然之广陵》

四月槐序

人间四月芳菲尽，山寺桃花始盛开。

——唐·白居易《大林寺桃花》

五月鸣蜩

五月榴花妖艳烘，绿杨带雨垂垂重。

——北宋·欧阳修《渔家傲》

六月季夏

毕竟西湖六月中，风光不与四时同。

——南宋·杨万里《晓出净慈寺送林子方》

七月兰秋

七月新秋风露早，渚莲尚拆庭梧老。

——北宋·欧阳修《渔家傲》

八月南宫

八月湖水平，涵虚混太清。

——唐·孟浩然《望洞庭湖赠张丞相》

九月菊月

九月桑叶尽，寒风鸣树枝。

——唐·高适《宋中十首》

十月子春

不知十月江寒重，陡觉三更布被轻。

——清·查慎行《寒夜次潘岷原韵》

十一月葭月

十一月中长至夜，三千里外远行人。

——唐·白居易《冬至宿杨梅馆》

十二月冰月

日晏霜浓十二月，林疏石瘦第三溪。

——唐·唐彦谦《第三溪》

天干地支色彩系统

十大天干

甲—天青色、乙—天青色、丙—红色、丁—红色、戊—黄色、己—黄色、庚—橙色、辛—橙色、壬—黑色、癸—黑色

十二地支

子—黑色、丑—黄色、寅—天青色、卯—天青色、辰—黄色、巳—红色、午—红色、未—黄色、申—橙色、酉—橙色、戌—黄色、亥—黑色

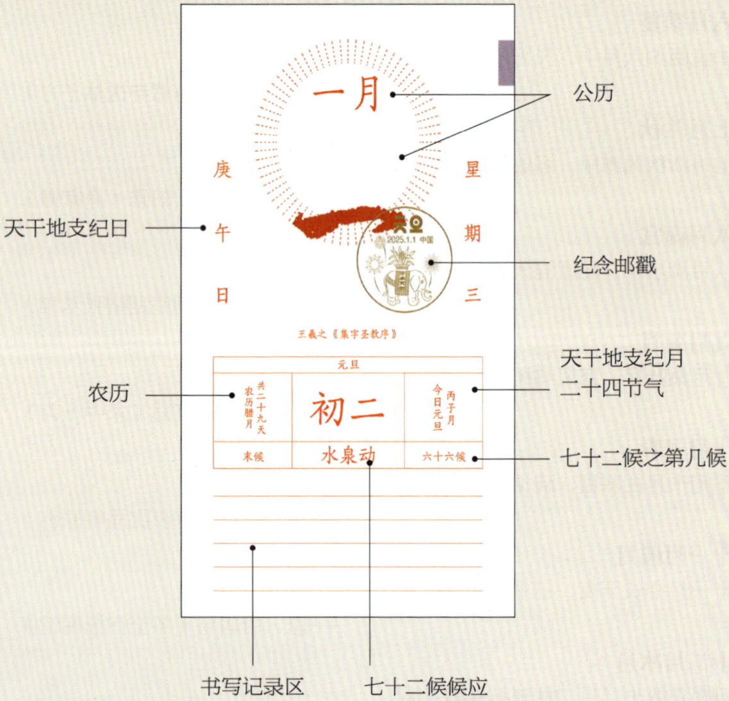

扫码进入集邮日历专栏
了解更多内容

扫码关注“中国集邮”微信公众号

雨水
二十四节气
立春

春分
二十四节气

谷雨
二十四节气
清明

小满

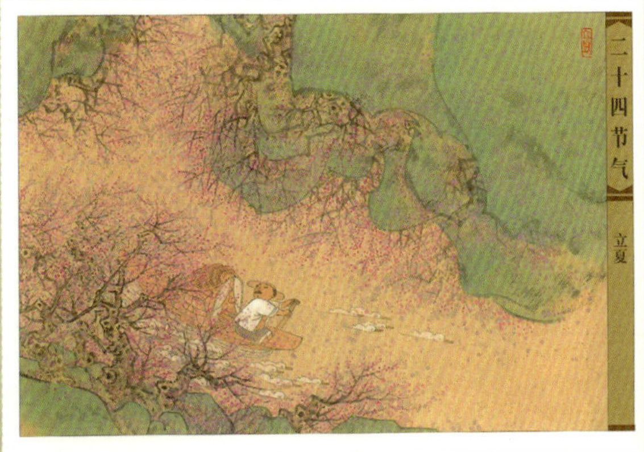
二十四节气
立夏

夏至

二十四节气
芒种

大暑

二十四节气
小暑

处暑

二十四节气
立秋

秋分

二十四节气
白露

霜降

二十四节气
寒露

《二十四节气》特种邮票明信片 TP26　　设计者：王虎鸣　　绘画：刘金贵